Single-Küche

Angelika Ilies

Auch für eine Person lohnt es sich zu kochen! Die Rezepte in diesem Buch sind optimal auf Ihr Singleleben zugeschnitten. Unser Angebot für Sie: Kochen in kleinen Mengen und mit wenigen Zutaten. Und nach nicht einmal 1 Stunde haben Sie die Küche bereits wieder aufgeräumt und können genießen!

Kampf dem Dosenfisch!

Für LA von Mathilde zum 21.

Inhalt

Alle Rezepte auf einen Blick

Rezept	Seite	kcal je Portion/Stück	low fat	vegetarisch	mit Fisch	edel	für Freunde	ruckzuck	preiswert	einfach
Tacos mit Putenfleisch	10	430					✔			✔
Kotelett mit Pilz-Zwiebel-Sauce	12	500						✔	✔	
Bohnencurry mit Garnelen	13	600			✔	✔				✔
Rumpsteak mit Zitrusfrüchten	14	570	✔			✔				
Gratinierte Zucchini-Puten-Spieße	15	620				✔			✔	
Bandnudeln mit Rindfleischstreifen	16	520	✔			✔				✔
Quinoa mit Frühlingsgemüse	18	620	✔				✔		✔	
Vegetarisches Hirsegulasch	19	480	✔	✔			✔		✔	✔
Penne-Brokkoli-Gratin	20	1000			✔				✔	✔
Trulli mit Zucchini	22	660			✔					✔
Überbackene Kräutergnocchi	23	800		✔				✔	✔	✔
Kartoffelpfanne mit Erbsen	24	490					✔		✔	✔
Gulasch Szegediner Art	26	480	✔						✔	✔
Roter Linseneintopf mit Speck	27	700					✔		✔	✔
Seemannsschmaus	28	600			✔					✔
Pfannkuchenpizza	29	780					✔		✔	✔
Spargel mit Schinken	30	490	✔			✔				
Gemüseomelett	32	650	✔	✔			✔		✔	
Eier im Gemüsenest	33	730		✔			✔			✔
Reisgericht „Junggesellenart"	34	900					✔		✔	✔
Gebratener Gemüsereis	35	670					✔	✔	✔	✔
Pfannkuchen mit Mandelhackfleisch	36	880				✔			✔	✔
Brokkolisuppe mit Pfannkuchen	36	570		✔				✔	✔	✔

Rezept	Seite	kcal je Portion/Stück	low fat	vegetarisch	mit Fisch	edel	für Freunde	ruckzuck	preiswert	einfach
Kartoffelsuppe mit Lachs	38	300	✔		✔		✔			✔
Schnitzel mit Linsen-Kartoffel-Sauce	39	650							✔	✔
Überbackener Kabeljau	40	620	✔		✔	✔				✔
Gebratene Schinkennudeln	41	690						✔	✔	✔
Sahnepilze mit Kartoffelpüree	42	700		✔		✔	✔			
Gratiniertes Schweinefilet	42	840				✔				✔
Hähnchenrisotto mit Parmesan	44	800	✔				✔		✔	
Reispuffer	45	550		✔				✔	✔	
Gebratene Hähnchenschenkel	46	620							✔	
Hähnchensalat	46	760					✔		✔	✔
Gemüse-Reis-Eintopf	48	750					✔		✔	✔
Rindfleisch-Gemüse-Curry	49	570	✔			✔		✔		✔
Gefülltes Fladenbrot	50	740						✔	✔	✔
Mozzarellabrötchen	50	670						✔	✔	✔
Grünkernburger	52	980		✔			✔		✔	
Pikantes Sprossenbrötchen	53	430		✔				✔	✔	✔
Mexikanische Muffins	54	630					✔		✔	✔
Zucchini-Salami-Täschchen	55	880					✔		✔	✔
Mascarponebrötchen	56	500		✔						✔
Griechisches Sandwich	57	360		✔			✔	✔	✔	✔
Gemüse-Brot-Spieße	58	490		✔			✔	✔	✔	
Hähnchensandwich	59	570						✔	✔	✔
Empanadas mit Lammfüllung	60	990					✔		✔	✔

Ich koche für mich

Manchmal fehlt einfach nur die Zeit, häufig auch die Lust und oft sind der leere Kühlschrank oder die unpraktische Kücheneinrichtung daran schuld, dass Singles das Kochen für sich selbst vernachlässigen.
Damit ist jetzt Schluss. Wir verraten Ihnen in diesem Buch nicht nur schnelle und unkomplizierte Rezepte, sondern möchten Sie zusätzlich auch noch mit ein paar Tipps und Tricks unterstützen, wie Sie Ihren Single-Haushalt wesentlich besser organisieren:

Ausstattung der Küche

Für die Ausstattung Ihrer Küche mit Kochgeschirr reichen zunächst einige wenige Utensilien, bei denen Sie allerdings insbesondere auf Qualität und auf Haltbarkeit achten sollten. Die wichtigsten Kochutensilien stellen wir Ihnen hier vor:

Zwei bis drei **Töpfe** von unterschiedlicher Größe (beispielsweise eine Stielkasserolle mit etwa 16 cm Ø, ein etwas größerer Topf mit etwa 20 cm Ø) sowie eine **Bratpfanne** (20–22 cm Ø) genügen für den Anfang. Wählen Sie die Töpfe lieber zu groß als zu klein, damit Sie auch einmal für Freunde, die zu Besuch kommen, kochen können. Zudem gelingen kleine Mengen zwar in großen Töpfen, große Mengen aber niemals in kleinen Töpfen.

Unentbehrlich sind natürlich gute **Messer**. Ein großes schweres Schlag- oder Kochmesser und ein kleines Schälmesser gehören in jeden Haushalt. Zusätzlich leisten ein Brotmesser mit Wellenschliff sowie ein Gemüsemesser gute Dienste.

Ein gutes **Arbeitsbrett** ist ebenfalls unverzichtbar. Besser noch sind ein Brett für Obst und Süßspeisen und eines für Gemüse, Käse und Fleisch. Bretter aus Kunststoff sind wesentlich hygienischer als aus Holz und können zudem zeitsparend in der Spülmaschine gereinigt werden.

Weitere kleine, praktische **Küchenhelfer** sind: der Sparschäler für Kartoffeln und Gemüse, ein kleines und ein großes Sieb, Vierkantreibe, Zitronenpresse, Knoblauchpresse, Schneebesen, Kochlöffel, Bratenwender, Schaumlöffel, Schöpfkelle, Messbecher, robuste Küchenschere, Korkenzieher und Dosenöffner.

Wer Aufläufe und Kuchen mag, braucht **hitzebeständige Auflauf-** und **Backformen**, z. B. aus Glas, Keramik oder Metall. Auflaufschüsseln können Sie natürlich auch für andere Zwecke verwenden, sie sind also besonders vielseitig.

Einkaufen mit Spaß

Durch die langen Öffnungszeiten der Supermärkte und das vielfältige Warenangebot kann das Einkaufen immer wieder zu einem Erlebnis werden. Ohne vorher zu planen, hat man zwar schnell etwas im

Einkaufskorb, aber zu Hause angekommen fehlt dann doch die eine oder andere Kleinigkeit. Diesen Ärger können Sie auf einfache Weise vermeiden: Schreiben Sie einen **Einkaufszettel**. Auch wenn dieser mal daheim auf dem Küchentisch liegen geblieben ist, können Sie sich gewiss besser erinnern, was Sie einkaufen wollten, als wenn Sie keinen Einkaufszettel geschrieben hätten.

Oft steht der Single vor dem Regal und fragt sich: „Kaufe ich nun die kleinere Packung, die verhältnismäßig teuer ist, oder nehme ich doch besser die Familiengröße?“ Wie Sie sich entscheiden, bleibt natürlich Ihre Sache! Ich habe jedoch oft bemerkt, dass sich **Minipackungen** ebenfalls rechnen. Bei Großpackungen wirft man häufig inzwischen schlecht gewordene Reste weg, trotz des guten Vorsatzes, die nicht benötigte Menge später einmal zu verwenden. Zudem nehmen viele angebrochene Packungen im Vorratsschrank unnötig Platz weg.

Käse, Wurst und **Fleisch** kaufen Sie am besten lose an der Käse- oder Fleischtheke, denn dort entscheiden Sie über die Größe und Menge. Sollte der Metzger bei Ihrer Bestellung von nur 100 g Hackfleisch maulig werden, lassen Sie sich auf keinen Fall beirren. Der Kunde ist König! Und wussten Sie, dass mehr als ein Drittel aller Haushalte in Deutschland Single-Haushalte sind? Sie werden also nicht der erste Kunde sein, der nach solch kleinen Mengen fragt.

In der Obst- und Gemüseabteilung können Sie sich selbst bedienen. Auch hier heißt es: Augen auf! Kaufen Sie nicht unbedingt preiswerte, abgepackte Ware. Achten Sie vielmehr auf Frische und bevorzugen Sie **Obst** und **Gemüse**, das Sie selbst abwiegen und bei dem Sie so die Menge individuell bestimmen können.

Sinnvolle Vorratshaltung

Sie müssen natürlich nicht täglich einkaufen! Legen Sie einen kleinen, wohldurchdachten Vorrat von Lebensmitteln an – dann sind Sie jederzeit gewappnet für den kleinen Hunger zwischendurch, für Abende nach langen Bürostunden oder für schlechtes Wetter. Etliche Lebensmittel lassen sich im Kühlschrank oder im Vorratsschrank tage-, wochen- oder sogar monatelang aufbewahren. Achten Sie dabei stets auf das aufgedruckte Haltbarkeitsdatum und kontrollieren Sie Ihre Vorräte regelmäßig, damit Sie sie rechtzeitig verbrauchen. Selbstverständlich ist für die Auswahl der Vorräte Ihr ganz persönlicher Geschmack entscheidend. Überlegen Sie einmal in aller Ruhe, was Sie gern und dementsprechend oft essen, denn von diesen Lebensmitteln können Sie größere Mengen einlagern als von selten verwendeten Zutaten. Hier nun einige Anregungen für das Lagern von Lebensmitteln:

Im **Vorratsschrank** (der dunkel und kühl sein sollte) sollten Sie Folgendes lagern: jeweils kleine Mengen Mehl und Getreide wie Reis, Hirse, Grieß, Grünkernschrot. Dazu Speisestärke, Semmelbrösel, Zucker, Honig, Salz, Nudeln, Hülsenfrüchte, Suppenpasten in Gläsern oder Instantbrühen, einige Gewürze nach Geschmack, getrocknete Pilze und Chilischoten, Tomatenmark, Essig, Öl, haltbares eingeschweißtes Brot, haltbare Milch, Nüsse und Mandeln, Rosinen, Zwiebeln, Knoblauch, Fertigprodukte wie Kartoffelpüree oder Knödel im Kochbeutel sowie Suppen und Saucen. Konserven aller Art: Wurst, Würstchen, Garnelen, Sardellen, Muscheln, Thunfisch, Mais, grüne Bohnen, Kidneybohnen, Tomaten, Kirschen und Ananas.

Im **Kühlschrank** wird der Verderb der Produkte deutlich verlangsamt, viele Lebensmittel lassen sich darin für längere Zeit aufbewahren. Legen Sie beispielsweise eingeschweißten Käse sowie abgepackte Wurst bereit, haltbare Sahne und Joghurt, Butter oder Margarine, Eier, Konfitüre, Zitronen, Senf und Mayonnaise.

Im **Tiefkühlgerät** oder alternativ auch im **Gefrierfach** des Vier-Sterne-Kühlschranks können sehr viele TK-Produkte jederzeit bereitgehalten werden. Ob Fleisch, Fisch, Meeresfrüchte, geriebener Käse, Obst, Gemüse oder Kräuter – alles lässt sich monatelang aufbewahren.
Besonders praktisch ist, dass Sie jederzeit kleine Lebensmittelmengen aus den Packungen entnehmen und den Rest zurück in das Gefrierfach legen können. So lässt sich recht gut für Abwechslung auf dem Speiseplan sorgen. Beispielsweise können Sie für ein Gericht mehrere Gemüsesorten mischen, was mit frischen Zutaten in der Single-Küche sicherlich zu Resten führen würde.

Checkliste für Vorräte

- Immer die Haltbarkeits- und Verbrauchsdaten beachten.
- Neu gekaufte Ware im Vorratsschrank immer nach hinten stellen.
- Selbst eingefrorene Lebensmittel immer mit Datum und Menge beschriften.
- Faules Obst und Gemüse sofort aussortieren, bevor es anderes ansteckt.
- Konserven mit aufgewölbten Deckeln nicht kaufen und auf keinen Fall verwenden.

- Alle angebrochenen Vorräte in fest verschließbare Gläser oder Dosen umfüllen.
- Den Vorratsschrank regelmäßig mit warmem Essigwasser reinigen.
- Vorräte in längeren Abständen auffüllen.

Fertiggerichte sind nie wirklich fertig

Fertig- und Halbfertiggerichte sind wunderbar bequem und werden gerade von Singles sehr gern gekauft. Allerdings fehlen diesen Gerichten die frischen Zutaten und damit oft einige der für die Ernährung so wichtigen gesunden Nährstoffe. Deshalb sollte Fertiges aus der Packung so oft wie möglich mit Frischem kombiniert werden. Ergänzen Sie beispielsweise eine Tiefkühlpizza durch einen frischen Tomatensalat oder verfeinern Sie eine Fertigsuppe durch einige frische Kräuter und etwas knackiges Gemüse. So sparen Sie Zeit, versorgen sich aber dennoch mit Vitaminen und Mineralstoffen.

Am Arbeitsplatz

Wenn Ihnen am Arbeitsplatz eine Kantine mit abwechslungsreichem Angebot zur Verfügung steht, werden Sie diese gewiss häufig nutzen. Bedienen Sie sich dort auch am Salatbuffet, greifen Sie zu gemüsereichen Speisen und zu magerem Fleisch oder Fisch.
Wer nicht täglich in die Kantine oder in ein Restaurant gehen möchte, kann sich seine Mittagsmahlzeit – beispielsweise ein Sandwich – natürlich auch von zu Hause mitnehmen. Rezepte dafür finden Sie in diesem Buch ab Seite 50.
Ergänzen Sie Ihren Imbiss durch kleine Zwischenmahlzeiten, etwa einen Apfel oder eine Banane, einen Becher Joghurt oder Quark. So können Sie sich ohne viel Stress gesund ernähren.

Zeitersparnis beim Kochen

Wer regelmäßig für sich kocht, kann vorarbeiten: Denn bei Kartoffeln, Reis und Nudeln lohnt es sich, die doppelte Menge zu kochen und am nächsten Tag mit diesen Zutaten ein anderes Gericht zuzubereiten. Auf den Seiten 36–39 wird Ihnen eine Reihe von Rezepten vorgestellt, die es Ihnen ermöglichen, gleich mehrere Zutaten für 2 Gerichte einsetzen zu können. Diese Gerichte können Sie an 2 Tagen hintereinander essen, ohne dass Ihnen dies langweilig und eintönig vorkommen wird.
Auf Vorrat lassen sich aber auch gut Salatmarinaden auf Essig-Öl-Basis zubereiten. Dafür rühren Sie ruhig gleich eine Sauce für 4 Personen an. Geben Sie alle Zutaten in ein Schraubglas, verschließen Sie es und schütteln Sie die Zutaten kräftig durch. So brauchen Sie nicht einmal einen Schneebesen und im Nu ist die Marinade fertig. Nehmen Sie dann immer so viel Marinade, wie Sie für Ihren Salat brauchen, aus dem Schraubglas, den Rest können Sie etwa 2 Wochen im Kühlschrank aufbewahren. Ein fertig gekauftes Dressing aus dem Portionsbeutel oder der Flasche wird dann überflüssig!

TOMATES
PELADOS
Bonduelle
Möhrchen
extra fein
425
Ananas
ERBSEN MIT

Die Rezepte

Die Rezepte

Tacos mit Putenfleisch

low fat
vegetarisch
mit Fisch
edel
für Freunde ✓
ruckzuck
preiswert
einfach ✓

Für 1 Person

- Zubereitungszeit: ca. 30 Min.
- ca. 430 kcal

1 Tomate • 1/2 Zwiebel • 1 Blatt Eisbergsalat
1 kleine Knoblauchzehe •
50 g Maiskörner (aus der Dose)
80 g Putenschnitzel • etwas Salz • etwas schwarzer Pfeffer aus der Mühle • 1 Msp. Cayennepfeffer
1 EL Öl
2 Tacoschalen (Fertigprodukt)
1 EL Tacosauce (Fertigprodukt) • 2 EL saure Sahne •
4 EL frisch geriebener Gouda

1. Die Tomate über Kreuz einritzen, kurz überbrühen, abschrecken und enthäuten; vom Stielansatz befreien, entkernen und würfeln. Die Zwiebel schälen und fein hacken. Das Salatblatt waschen, trockentupfen und in Streifen schneiden.

2. Den Knoblauch schälen und hacken. Die Maiskörner in ein Sieb geben und abtropfen lassen.

3. Das Putenschnitzel waschen, trockentupfen, in dünne Streifen schneiden und mit Salz, Pfeffer und Cayennepfeffer würzen. Den Ofen auf 200 °C (Umluft 170 °C; Gas Stufe 3) vorheizen.

4. Das Öl in einer Pfanne erhitzen. Die Knoblauch- und Zwiebelwürfel darin kurz anbraten. Die Putenstreifen hinzufügen, von allen Seiten anbraten und herausnehmen.

5. Die Tacoschalen auf ein Backblech legen, etwa 4 Minuten im Ofen erwärmen, herausnehmen und mit dem angebratenen Gemüse, den Salatstreifen, Tomatenwürfeln, Maiskörnern und dem Fleisch belegen.

6. Die Putenfüllung zuerst mit der Tacosauce und dann mit der sauren Sahne überziehen. Den Käse darüber streuen und die gefüllten Tacos sofort servieren.

Tipps

Sie können statt Putenschnitzel Rinderfilet und statt Mais Kidneybohnen verwenden.

Die Tacos können Sie auch vegetarisch füllen. Verdoppeln Sie dafür die Maismenge und schneiden Sie eine grüne Paprikaschote in Streifen, die Sie mit dem restlichen Gemüse andünsten.

Cayennepfeffer

Dieser Pfeffer wird auch spanischer Pfeffer genannt. Er wird aus den Früchten von Vogelaugenchilis gewonnen, die mit der Paprika verwandt sind. Cayennepfeffer ist etwa 20-mal so scharf wie Paprikapulver. Wenn Sie also keinen Cayennepfeffer zur Hand haben, können Sie anstelle des Cayennepfeffers auch etwas Paprikapulver verwenden.

Kotelett mit Pilz-Zwiebel-Sauce

100 g Champignons • ½ EL Butter
1 P. Zwiebelsaucenpulver (für ¼ l Sauce)
1 Schweinekotelett (mit Knochen; ca. 175 g) • etwas schwarzer Pfeffer aus der Mühle • 1 EL Öl • Salz
1 EL Crème fraîche • 1 EL trockener Portwein •
1 EL Schnittlauchröllchen

1. Die Champignons putzen, waschen und in nicht zu dünne Scheiben schneiden. Die Butter in einem kleinen Topf erhitzen. Die Champignons hineingeben und sie darin unter Rühren goldbraun anbraten.

2. Etwa 200 ml Wasser dazugießen und das Zwiebelsaucenpulver mit einem Schneebesen hineinrühren. Die Sauce aufkochen und offen bei schwacher Hitze etwa 10 Minuten köcheln lassen.

3. Inzwischen das Schweinekotelett kalt abwaschen, trockentupfen und von beiden Seiten pfeffern. Das Öl in einer Pfanne erhitzen, das Kotelett darin beidseitig scharf anbraten. Das Kotelett salzen und offen bei mittlerer Hitze etwa 5 Minuten braten. Das Fleisch zwischendurch einmal wenden.

4. Die Crème fraîche und den Portwein unter die Sauce rühren, noch einmal abschmecken und mit dem Kotelett auf einem Teller anrichten. Die Schnittlauchröllchen darüber streuen.

Tipp

Statt Kotelett können Sie auch etwa 125 g klein gewürfeltes Schweineschnitzel rundherum anbraten. Dann die Champignons und die Sauce wie beschrieben zubereiten und zuletzt das Fleisch untermischen. Passt gut zu Nudeln.

low fat
vegetarisch
mit Fisch
edel
für Freunde
ruckzuck ✓
preiswert ✓
einfach

Für 1 Person

- Zubereitungszeit: ca. 20 Min.
- ca. 500 kcal

Bohnencurry mit Garnelen

250 g grüne Bohnen • etwas Salz
1 Zwiebel • 1 EL Öl • 2 EL Cashewkerne
100 ml Currysauce (Fertigprodukt aus der Flasche)
100 g geschälte und gekochte Garnelen

1. Die Bohnen waschen, putzen und nach Belieben kleiner schneiden. Etwas Salzwasser in einem kleinen Topf aufkochen. Die Bohnen hineingeben, zugedeckt in 10–15 Minuten bissfest dünsten und danach in ein Sieb gießen und abtropfen lassen.

2. Die Zwiebel schälen und klein würfeln. Das Öl in einer Pfanne erhitzen. Die Cashewkerne oder Mandelstifte hineingeben, unter Rühren goldbraun anbraten, aus der Pfanne nehmen und beiseite stellen.

3. Die Zwiebelwürfel in die Pfanne geben und bei mittlerer Hitze glasig dünsten. Die Bohnen und die Currysauce dazugeben und alles unter Rühren aufkochen lassen. Etwas Wasser dazugießen, wenn die Sauce zu dickflüssig ist.

4. Die Garnelen in einem Sieb mit kaltem Wasser abspülen und unter das Bohnencurry mischen. Alles gut verrühren, noch einmal kurz erhitzen. Auf einem Teller anrichten und mit den Cashewkernen bestreuen.

Tipps

Stellen Sie die Flasche mit der restlichen Currysauce verschlossen in den Kühlschrank. Die Sauce passt gut als exotische Beilage zu Hacksteaks oder Schnitzeln.

Dazu passt besonders gut Basmatireis. Bringen Sie 50 g Reis mit einer Tasse gesalzenem Wasser zum Kochen und lassen Sie das Ganze bei niedriger Hitze 15–20 Minuten quellen.

low fat
vegetarisch
mit Fisch ✓
edel ✓
für Freunde
ruckzuck
preiswert
einfach ✓

Für 1 Person

- Zubereitungszeit: ca. 30 Min.
- ca. 600 kcal

Rumpsteak mit Zitrusfrüchten

low fat ✓
vegetarisch
mit Fisch
edel ✓
für Freunde
ruckzuck
preiswert
einfach

Für 1 Person

- Zubereitungszeit: ca. 30 Min.
- ca. 570 kcal

1 kleine Orange • 1 kleine Grapefruit
1 Rumpsteak (ca. 150 g) • etwas schwarzer Pfeffer aus der Mühle • 1 EL Öl • etwas Salz
1/2 TL Speisestärke • 2 EL Crème fraîche • 1 TL grüne Pfefferkörner (in Salzlake)
einige Zweige Zitronenmelisse

1. Die Orange und die Grapefruit sorgfältig schälen und dabei die weiße Haut vollständig entfernen. Die Filets der Früchte zwischen den Trennhäutchen herausschneiden. Den Fruchtsaft in eine kleine Schüssel abtropfen lassen.

2. Das Rumpsteak kalt abwaschen, trockentupfen und rundherum mit Pfeffer einreiben. Das Öl in einer Pfanne erhitzen. Das Fleisch darin von beiden Seiten scharf anbraten, salzen und bei mittlerer Hitze von jeder Seite je nach Geschmack 1–3 Minuten braten. Das Steak aus der Pfanne nehmen und zugedeckt warm halten.

3. Den Fruchtsaft in der Schüssel mit der Speisestärke verquirlen und in die Pfanne geben. Alles aufkochen und dabei den Bratensatz vom Boden lösen. Die Crème fraîche und die Pfefferkörner hinzufügen, alles einmal aufkochen und die Sauce 1–2 Minuten köcheln lassen.

4. Die Zitronenmelisse waschen, trockentupfen und die Blätter von den Stielen zupfen. Die Blätter hacken, unter die Sauce rühren und diese mit Salz und Pfeffer abschmecken. Die Fruchtfilets darin erwärmen und alles anrichten.

Tipp

Gehen Sie beim Filetieren der Zitrusfrüchte sorgfältig vor. Nicht nur die farbige Schale, sondern auch die weiße Haut soll dabei entfernt werden, denn diese schmeckt bitter.

low fat
vegetarisch
mit Fisch
edel ✓
für Freunde
ruckzuck
preiswert ✓
einfach

Gratinierte Zucchini-Puten-Spieße

Für 1 Person

- Zubereitungszeit: ca. 30 Min.
- ca. 620 kcal

150 g Putenbrustfilet • etwas Salz • etwas schwarzer Pfeffer aus der Mühle
2 kleine Zucchini
2 EL Olivenöl
100 ml Hühnerbrühe (Instant) • ½–1 TL scharfer Senf
4–5 EL geriebener Emmentaler

1. Das Putenbrustfilet kalt abwaschen und mit Küchenkrepp trockentupfen. Das Fleisch in 2–3 cm große Würfel schneiden und diese mit Salz und Pfeffer würzen.

2. Die Zucchini waschen, putzen und in 2 cm dicke Scheiben schneiden. Die Zucchinischeiben und die Putenfleischwürfel abwechselnd auf zwei lange Holzspieße stecken.

3. Das Olivenöl in einer Pfanne erhitzen, die Spieße hineinlegen und bei mittlerer bis starker Hitze von allen Seiten goldbraun anbraten. Die Spieße mit Salz und Pfeffer würzen und aus der Pfanne nehmen.

4. Die Hühnerbrühe in die Pfanne gießen und den Senf darunter rühren. Die Spieße wieder in die Pfanne geben, etwa 10 Minuten in der Sauce garen und nach der Hälfte der Zeit wenden.

5. Den Emmentaler über die Spieße streuen. Den Käse bei geschlossenem Deckel in etwa 3 Minuten schmelzen lassen. Die Spieße mit der Sauce auf einen Teller geben.

Tipp

Wenn es schnell gehen soll, toasten Sie 2 Scheiben Brot als Beilage.

Bandnudeln mit Rindfleischstreifen

- **low fat ✓**
- vegetarisch
- mit Fisch
- **edel ✓**
- für Freunde
- ruckzuck
- preiswert
- **einfach ✓**

Für 1 Person

- Zubereitungszeit: ca. 30 Min.
- ca. 520 kcal

60[illegible]erfilet • 100 g Brokkoli
50 g [illegible]npignons • 1 Knoblauchzehe •
1/2 kleine Schalotte • 1 kleines Stück frischer Ingwer
1 EL Öl • etwas Salz
1/2 TL Sojasauce • 50 ml Gemüsebrühe •
1 Msp. Zucker
100 g Bandnudeln • etwas schwarzer Pfeffer aus der Mühle

1. Das Fleisch kalt abspülen, trockentupfen und in sehr dünne, einige Zentimeter lange Streifen schneiden. Den Brokkoli putzen, die Röschen zerteilen und waschen, die dicken Stiele schälen und in Stücke schneiden.

2. Die Pilze waschen, putzen, mit Küchenkrepp säubern und in dünne Scheiben schneiden. Den Knoblauch und die Schalotte schälen. Die Schalotte fein hacken. Den Ingwer schälen und ebenfalls fein hacken.

3. In einer großen Pfanne das Öl erhitzen, die Schalotte und den Ingwer hineingeben, den Knoblauch durch eine Presse drücken und dazugeben. Eine Prise Salz dazugeben und alles einige Minuten unter Rühren braten. Den Brokkoli zufügen und kurz mitbraten.

4. Das Fleisch in die Pfanne geben und braten, bis es von allen Seiten leicht gebräunt ist. Pilze, Sojasauce, Gemüsebrühe und etwas Zucker darunter rühren und alles noch einige Minuten bei schwacher Hitze garen.

5. Inzwischen die Nudeln in reichlich Salzwasser bissfest kochen, abgießen, gut abtropfen lassen und mit dem Pfanneninhalt vermischen. Alles mit Salz und Pfeffer abschmecken und sofort servieren.

Tipp

Ingwer ist in vielen Gerichten asiatischer Art ein Muss. Beim Kauf sollten Sie feste, silbrig glänzende Wurzeln auswählen. Ingwerreste bewahren Sie am besten in Frischhaltefolie eingepackt im Kühlschrank auf.

Variation

Statt Rinderfilet können Sie auch Hähnchenbrust ohne Haut nehmen. Den Brokkoli tauschen Sie dann gegen eine kleine Paprikaschote. Würzen Sie diese Variante noch zusätzlich mit 1/4 TL Currypulver.

Quinoa mit Frühlingsgemüse

75 g Zuckerschoten • 1 kleine Kohlrabiknolle • 1 kleine Möhre • 1 Zwiebel
1 EL Öl
75 g Quinoa • etwas Salz • etwas schwarzer Pfeffer aus der Mühle
75 g gekochter Schinken • 1 EL gehackte Petersilie

1. Die Zuckerschoten waschen, die Stiel- und Blütenansätze sowie Fäden abschneiden. Die Schoten halbieren. Den Kohlrabi und die Möhre putzen, schälen und klein würfeln. Die Zwiebel schälen und sehr fein würfeln.

2. Etwa 1/2 EL Öl in einer Pfanne erhitzen. Kohlrabi- und Möhrenwürfel bei schwacher Hitze unter Rühren etwa 4 Minuten braten. Zuckerschoten zugeben, alles etwa 1 Minute braten und das Gemüse herausnehmen.

3. Das restliche Öl in der Pfanne erhitzen. Die Zwiebelwürfel darin glasig dünsten. Die Quinoakörnchen unter die Zwiebel rühren und etwa 150 ml Wasser dazugießen. Das Ganze mit Salz und Pfeffer würzen und zugedeckt etwa 10 Minuten bei schwacher Hitze garen.

4. Den Schinken in feine Streifen schneiden und mit dem Gemüse unter das Quinoa mischen. Alles etwa 5 Minuten zugedeckt garen. Das Gericht abschmecken, mit der gehackten Petersilie bestreuen und sofort verzehren.

Tipp

Quinoa, ein getreideähnliches Gewächs aus Südamerika, hat ein nussiges Aroma und ist sehr gesund. Außerdem sind die Körnchen bereits nach etwa 15 Minuten gar.

low fat ✓
vegetarisch
mit Fisch
edel
für Freunde ✓
ruckzuck
preiswert ✓
einfach

Für 1 Person

- Zubereitungszeit: ca. 30 Min.
- ca. 620 kcal

low fat ✓
vegetarisch ✓
mit Fisch
edel
für Freunde ✓
ruckzuck
preiswert ✓
einfach ✓

Vegetarisches Hirsegulasch

5 g getrocknete Steinpilze
1 Zwiebel • 1 EL Öl
80 g Hirse • 200 ml Gemüsebrühe (Instant)
1 kleine Dose grüne Bohnen (ca. 140 g)
etwas Salz • etwas schwarzer Pfeffer aus der Mühle • 2 EL gehacktes (tiefgefrorenes) oder 1 EL getr. Basilikum

1. Die Steinpilze in eine Tasse geben und etwa 50 ml warmes Wasser darüber gießen. Die Pilze darin 10 Minuten quellen lassen.

2. Die Zwiebel schälen und klein würfeln. Das Öl in einem kleinen Topf leicht erhitzen, die Zwiebel darin glasig dünsten.

3. Die Hirse dazugeben und alles mit der Brühe ablöschen. Die Steinpilze mit dem Einweichwasser hinzufügen und das Ganze bei schwacher Hitze etwa 15 Minuten garen.

4. Die Bohnen in einem Sieb kalt abspülen und zu der Hirsemischung geben. Alles noch etwa 5 Minuten zugedeckt köcheln lassen.

5. Das Hirsegulasch mit Salz und Pfeffer abschmecken, mit Basilikum bestreuen und auf einem Teller anrichten.

Tipps

Sehr gut schmeckt das Hirsegulasch auch auf cremig-würzige Art. Rühren Sie dafür 2–3 EL Crème fraîche sowie 50 g gewürfelten Edelpilzkäse unter die fast fertige Hirsemischung und lassen Sie alles noch einmal aufkochen.

Hirse eignet sich aufgrund ihrer kurzen Garzeit bestens für die schnelle Küche und kann statt Reis verwendet oder durch Reis ersetzt werden.

Für 1 Person

- Zubereitungszeit: ca. 30 Min.
- ca. 480 kcal

Penne-Brokkoli-Gratin

low fat
vegetarisch
mit Fisch ✓
edel
für Freunde
ruckzuck
preiswert ✓
einfach ✓

Für 1 Person

- Zubereitungszeit: ca. 15 Min.
- Backzeit: ca. 20 Min.
- ca. 1000 kcal

etwas Salz • 75 g Penne
300 g Brokkoli
1 EL weiche Butter
1 kleine Dose Thunfisch (ca. 60 g) •
250 ml Auflauf- oder Käsesauce (aus dem Glas oder dem Tetrapack) • 2 EL Pinienkerne

1. In einem Topf etwa 1 l Salzwasser zum Kochen bringen. Die Penne hineingeben und darin nach der Packungsanleitung gerade eben bissfest kochen.

2. Inzwischen den Brokkoli waschen, putzen und in Röschen zerteilen, die Stiele abschneiden, schälen und in mundgerechte Stücke schneiden. Wenig Salzwasser in einem kleinen Topf aufkochen lassen und den Brokkoli darin zugedeckt etwa 4 Minuten dünsten.

3. Dann den Backofen auf 225 °C (Umluft 200 °C, Gas Stufe 4) vorheizen. Eine kleine Auflaufform (etwa 15 cm lang) mit Butter einfetten.

4. Den Thunfisch, die Nudeln und den Brokkoli jeweils in ein Sieb geben und gut abtropfen lassen. Alles miteinander vermischen und in die vorbereitete Form schichten. Die Sauce auf den Zutaten verteilen und die Pinienkerne darüber streuen.

5. Die Form auf der mittleren Einschubleiste in den Backofen schieben und das Gratin in etwa 20 Minuten goldbraun überbacken.

Tipps

Wenn Sie Käsesauce aus der Tüte verwenden möchten, müssen Sie diese entsprechend der Packungsanleitung zubereiten. Danach wie im Rezept beschrieben weiter verwenden.

Sie können den Thunfisch durch 75 g gewürfelten gekochten Schinken oder 60 g gewürfelte Salami ersetzen. Wenn Sie gern vegetarisch essen, tauschen Sie den Fisch gegen 75 g Tofu- oder Schafskäsewürfel aus.

Pinienkerne

Die länglichen, elfenbeinfarbenen Kerne sind die Samen der Nusskiefer bzw. des Pinienbaumes – ein in der Mittelmeerregion weit verbreiteter Baum mit einer stark ausladenden Krone. Erst etwa 20 Jahre alte Bäume tragen Samen – dies erklärt auch den hohen Preis von Pinienkernen. Besonders aromatisch schmecken die Kerne, wenn man sie in einer trockenen Pfanne goldgelb röstet oder, wie hier, im Ofen bräunt.

Trulli mit Zucchini und Räucherlachs

- low fat
- vegetarisch
- **mit Fisch ✓**
- edel
- für Freunde
- ruckzuck
- preiswert
- **einfach ✓**

Für 1 Person

- Zubereitungszeit: ca. 30 Min.
- ca. 660 kcal

100 g Trulli • etwas Salz
½ kleine rote Zwiebel • 1 Knoblauchzehe • 150 g Zucchini
4 Zweige Basilikum • ½ unbehandelte Orange
50 g Doppelrahm-Frischkäse • 2 EL Milch
etwas weißer Pfeffer aus der Mühle
50 g Räucherlachs in Scheiben

1. Die Trulli in reichlich Salzwasser nach Packungsanweisung bissfest kochen.

2. Inzwischen die Zwiebel und den Knoblauch schälen. Die Zwiebel fein würfeln und den Knoblauch hacken. Die Zucchini waschen, putzen und auf der groben Seite einer Rohkostreibe raspeln.

3. Das Basilikum waschen, trockentupfen, die Blättchen abzupfen und hacken. Die Orange heiß waschen und etwa die Hälfte der Schale abreiben. Den Saft auspressen.

4. In einem kleinen Topf Frischkäse, Orangensaft und -schale verrühren und aufkochen lassen. Milch, Zwiebel, Knoblauch und Zucchiniraspel dazugeben, aufkochen und alles etwa 4 Minuten köcheln lassen.

5. Die Kochplatte ausschalten. Das Basilikum in die Sauce geben, salzen und pfeffern.

6. Die Nudeln abtropfen lassen. Den Räucherlachs in Streifen schneiden. Die Sauce über die Nudeln geben und den Räucherlachs darauf verteilen. Sofort servieren.

Tipps

Für ein vegetarisches Hauptgericht ersetzen Sie den Räucherlachs durch 50 g getrocknete, in Olivenöl eingelegte Tomaten. Die Tomaten abtropfen lassen und in Streifen schneiden.

Basilikum aufbewahren: Kraut waschen und Wasser abschütteln. Die abgezupften Blättchen in einen Gefrierbeutel geben und diesen aufpusten. Gut verschlossen im Kühlschrank lagern.

Überbackene Kräutergnocchi

etwas Salz • 300 g Gnocchi (z. B. aus der Kühltheke)
3 getrocknete, in Öl eingelegte Tomaten •
1 EL Butter • 2 EL Pinienkerne
1/2 Päckchen TK-Kräuter (z. B. Basilikum oder eine Kräutermischung) • etwas schwarzer Pfeffer aus der Mühle
2 EL geriebener Käse (z. B. Emmentaler)

1. Etwa 3 l Salzwasser in einem Topf aufkochen lassen. Die Gnocchi hineingeben, garen, bis sie oben schwimmen, dann in ein Sieb gießen und gut abtropfen lassen.

2. Die Tomaten in Streifen schneiden. Die Butter in einer Pfanne aufschäumen lassen. Die Pinienkerne hineingeben und hell anrösten.

3. Tomaten, Gnocchi und Kräuter dazugeben. Alles mit Pfeffer und Salz würzen und bei mittlerer Hitze etwa 5 Minuten braten. Alles zwischendurch vorsichtig wenden.

4. Den Käse über die Gnocchi streuen. Die Pfanne zudecken und den Käse etwa 2 Minuten schmelzen lassen. Die Gnocchi danach sofort auf einen Teller geben.

Tipps

Wenn Sie das Gericht etwas würziger zubereiten wollen, geben Sie zusätzlich 50 g klein geschnittenen Räucherspeck oder Kochschinken dazu. Braten Sie diesen zuerst in der Butter an und fügen Sie anschließend die anderen Zutaten hinzu.

Frische Gnocchi gibt es häufig auch lose zu kaufen, vor allem in italienischen Feinkostgeschäften mit einer Auswahl an frischer Pasta. In praktisch jedem größeren Supermarkt können Sie aber auch in Beutel eingeschweißte Gnocchi im Kühlregal finden.

low fat
vegetarisch ✓
mit Fisch
edel
für Freunde
ruckzuck ✓
preiswert ✓
einfach ✓

Für 1 Person

- Zubereitungszeit: ca. 20 Min.
- ca. 800 kcal

Kartoffelpfanne mit Erbsen

low fat
vegetarisch
mit Fisch
edel
für Freunde ✓
ruckzuck
preiswert ✓
einfach ✓

Für 1 Person

- Zubereitungszeit: ca. 30 Min.
- ca. 490 kcal

50 g TK-Erbsen • etwas Salz
80 g Champignons • 200 g gekochte Pellkartoffeln vom Vortag
½ kleine rote Zwiebel • 1 Zweig Majoran
50 g Frühstücksspeck (Bacon)
1 EL Butter
etwas schwarzer Pfeffer aus der Mühle

1. Die Erbsen etwa 3 Minuten in kochendem Salzwasser kochen, abgießen und abtropfen lassen.

2. Die Champignons kurz waschen oder mit Küchenkrepp abreiben, dann putzen. Die Kartoffeln pellen.

3. Die Zwiebel schälen und in Ringe schneiden. Pilze und Kartoffeln in Scheiben schneiden. Den Majoran waschen, trockentupfen und die Blättchen vom Stiel zupfen.

4. Den Speck quer in etwa 1 cm breite Streifen schneiden. Diese in einer großen Pfanne bei mittlerer Hitze knusprig ausbraten und auf Küchenkrepp abtropfen lassen.

5. Die Zwiebelringe im heißen Fett anbraten, die Champignons dazugeben und hellbraun braten. Herausnehmen und beiseite stellen. Die Butter in die Pfanne geben und die Kartoffeln darin unter gelegentlichem Wenden 5–10 Minuten knusprig braten.

6. Erbsen, Speck, Zwiebeln und Champignons vorsichtig unter die Kartoffeln heben und alles noch kurz zusammen erhitzen. Mit Salz und Pfeffer abschmecken. Majoran untermischen und alles servieren.

Variation

So wird aus der Kartoffelpfanne ein Salat: ¼ l Gemüsebrühe aufkochen und mit 4 EL Weißweinessig, Salz und Pfeffer würzen. 2 EL Olivenöl untermischen und das Ganze heiß über die Kartoffeln geben. Speck, Champignons und Zwiebeln wie oben beschrieben braten. Mit den gekochten Erbsen und dem Majoran zu den Kartoffeln geben. Alles etwa 30 Minuten durchziehen lassen.

Rote Zwiebeln

Sie stammen oft aus Italien oder den Balkanländern. Die Zwiebeln haben eine dünne, leuchtend rote bis rotbräunliche Schale, schmecken mildwürzig und fast ein bisschen süß. Rote Zwiebeln sind nicht lange lagerfähig, daher sollten Sie als Single keinen Vorrat kaufen.

Gulasch Szegediner Art

1 kleine Zwiebel • 1 kleine grüne Paprikaschote
150 g Schweinesteak • 1 EL Butterschmalz
1/4–1/2 TL Paprikapulver, edelsüß • 2 EL Tomatenmark • 1/8 l Fleischbrühe (Instant) • 100 g Sauerkraut • etwas Salz • etwas schwarzer Pfeffer aus der Mühle
2 EL saure Sahne

1. Zwiebel schälen und klein würfeln. Paprikaschote halbieren, Stielansatz, Trennhäutchen und Kerne entfernen. Hälften waschen, trockentupfen und dünn in Streifen schneiden.

2. Das Schweinefleisch kalt abwaschen, trockentupfen und in 1–2 cm große Stücke schneiden. Das Butterschmalz in einem Topf erhitzen und die Fleischstücke darin rundherum scharf anbraten. Danach die Hitze verringern, die Zwiebelwürfel zum Fleisch geben und etwa 1 Minute mitbraten. Die Paprikastreifen hinzufügen und alles noch 2 Minuten weiterbraten.

3. Das Paprikapulver über das Gericht streuen und unter Rühren leicht anschwitzen. Das Tomatenmark, die Fleischbrühe und das Sauerkraut dazugeben. Alles mit Salz und Pfeffer würzen und gut durchrühren. Das Gulasch zugedeckt etwa 30 Minuten bei schwacher Hitze schmoren.

4. Das Gericht noch einmal abschmecken und in einem tiefen Teller servieren. Die saure Sahne als Klecks darauf geben.

low fat ✓
vegetarisch
mit Fisch
edel
für Freunde
ruckzuck
preiswert ✓
einfach ✓

Für 1 Person

- Zubereitungszeit: ca. 50 Min.
- ca. 480 kcal

Tipp

Im Schnellkochtopf benötigt das Gulasch nur etwa 15 Minuten Schmorzeit. Die Zubereitung erfolgt ansonsten wie im Rezept beschrieben.

low fat

vegetarisch

mit Fisch

edel

für Freunde ✓

ruckzuck

preiswert ✓

einfach ✓

Roter Linseneintopf mit Speck

60 g durchwachsener Räucherspeck • 1 TL Öl • 1–2 TL Currypulver • 300 ml Hühnerbrühe (Instant)

65 g rote Linsen • 150 g gemischtes TK-Gemüse (z. B. Gartengemüse wie Blumenkohl, Möhren und Zucchini)

etwas Salz • etwas schwarzer Pfeffer aus der Mühle

1. Den Speck von Knorpeln und Schwarte befreien und würfeln. Das Öl in einem Topf leicht erhitzen, den Speck knusprig braten. Das Currypulver darüber stäuben und unter Rühren anschwitzen. Die Brühe angießen.

2. Die Linsen dazugeben und zugedeckt bei schwacher Hitze etwa 5 Minuten garen. Das Gemüse hinzufügen, das Ganze einmal aufkochen lassen und zugedeckt bei schwacher Hitze weitere 5 Minuten garen.

3. Den Eintopf mit Salz und Pfeffer abschmecken und in einen tiefen Teller geben.

Tipps

Durchwachsenen Räucherspeck gibt es in Folie eingeschweißt – so hält er sich im Kühlschrank mehrere Wochen lang.

Speck lässt sich gut einfrieren. Schneiden Sie ihn in kleine Würfel, die Sie auf einem Brett vorfrosten. Wenn Sie die Würfel in eine Gefrierdose umfüllen, können Sie die gewünschte Menge herausnehmen, die Würfel kleben nicht zusammen.

Frieren Sie den Speck vor dem Schneiden ein. Angetaut lässt er sich einfacher fein schneiden.

Für 1 Person

- Zubereitungszeit: ca. 30 Min.
- ca. 700 kcal

Seemannsschmaus

low fat
vegetarisch
mit Fisch ✓
edel
für Freunde
ruckzuck
preiswert
einfach ✓

Für 1 Person

- Zubereitungszeit: ca. 30 Min.
- ca. 600 kcal

200 g Seelachsfilet • 1 EL Zitronensaft • etwas Salz • etwas weißer Pfeffer aus der Mühle
150 g Pellkartoffeln vom Vortag •
1 EL Butterschmalz
1 EL Mehl
1 EL Öl
50 g Sahne • 1 TL mittelscharfer Senf •
100 g TK-Erbsen
1/4 Schälchen Kresse

1. Das Fischfilet von Gräten befreien, waschen, trockentupfen und würfeln. Die Fischwürfel mit Zitronensaft, Salz und Pfeffer würzen. Beiseite stellen.

2. Die Kartoffeln pellen und würfeln. Das Butterschmalz in einer Pfanne erhitzen und die Kartoffeln bei mittlerer Hitze knusprig braten. Herausnehmen.

3. Das Mehl in einen tiefen Teller geben und die Fischstücke darin portionsweise wenden.

4. Das Öl in die Pfanne geben und erhitzen. Die Fischstücke darin unter vorsichtigem Wenden auf beiden Seiten goldbraun braten.

5. In einem Topf Sahne, Senf und TK-Erbsen zum Kochen bringen. Die Senfsahne zum Fisch geben und unterrühren. Die Kartoffeln vorsichtig unterheben.

6. Die Kresse abschneiden. In einem Sieb vorsichtig abspülen, trockentupfen und über den Fisch streuen.

Tipp

Kochen Sie dieses Rezept mit der doppelten Menge. Am nächsten Tag geben Sie die Reste in eine Auflaufform, bedecken alles mit ein paar dünnen Käsescheiben und überbacken das Gericht im vorgeheizten Backofen bei 180 °C (Umluft 150 °C, Gas Stufe 2–3) etwa 20 Minuten.

low fat
vegetarisch
mit Fisch
edel
für Freunde ✓
ruckzuck
preiswert ✓
einfach ✓

Pfannkuchenpizza

3 EL Mehl • 2 frische Eier • etwas Salz • etwas schwarzer Pfeffer aus der Mühle • 50 g Cabanossi
1 EL Olivenöl
2 EL Tomatenmark • 1/2 TL getr. Oregano
60 g Mozzarella

1. In einer Schüssel Mehl, Eier, Salz und Pfeffer mit einem Schneebesen oder einem elektrischen Handrührgerät verquirlen. Von der Cabanossi nach Belieben die Haut entfernen und die Wurst in etwa 1/2 cm dicke Scheiben schneiden.

2. Das Öl in einer Pfanne leicht erhitzen. Die Cabanossischeiben hineinlegen, kurz anbraten, wenden und in der Pfanne verteilen.

3. Den Pfannkuchenteig vorsichtig darüber gießen, sodass die Cabanossischeiben gleichmäßig in der Pfanne verteilt bleiben.

4. Den Pfannkuchen bei mittlerer Hitze etwa 3 Minuten goldbraun backen. Die Pfanne danach von der Kochstelle nehmen und den Pfannkuchen mit einem Pfannenwender oder mithilfe eines Tellers vorsichtig wenden.

5. Das Tomatenmark auf dem Pfannkuchen verstreichen, den Oregano und etwas Pfeffer darauf streuen. Den Mozzarella abtropfen lassen, in Scheiben schneiden und diese auf den Pfannkuchen legen.

6. Die Pfanne zugedeckt zurück auf die Kochstelle setzen. Den Pfannkuchen etwa 7 Minuten bei schwacher Hitze backen und ihn dann auf einen Teller geben.

Für 1 Person

- Zubereitungszeit: ca. 30 Min.
- ca. 780 kcal

Tipp

Verwenden Sie statt der Wurst 1 kleine Dose Thunfisch (etwa 65 g) oder 1 kleine Dose Muschelfleisch (etwa 90 g). Beides wird nicht angebraten; der Teig kann direkt darüber gegeben werden.

Spargel mit Schinken und Kräutervinaigrette

low fat ✓
vegetarisch
mit Fisch
edel ✓
für Freunde
ruckzuck
preiswert
einfach

Für 1 Person

- Zubereitungszeit: ca. 45 Min.
- ca. 490 kcal

500 g weißer Spargel • etwas Salz • 1/2 TL Zucker • 1/2 TL Butter
1 frisches Ei
2 EL Zitronensaft • 1/2 TL scharfer Senf • 1 TL Schnittlauchröllchen • 1 TL gehackte Petersilie • 1 TL gehackter Dill • 2 EL Öl • etwas weißer Pfeffer aus der Mühle
50 g Lachsschinken (in dünnen Scheiben)

1. Den Spargel waschen, die harten Enden abschneiden und die unteren zwei Drittel der Stangen sorgfältig schälen. In einem breiten Topf oder einem hohen Spargeltopf etwa 1/4 l Salzwasser zum Kochen bringen. Den Zucker und die Butter hinzufügen.

2. Den Spargel in das Kochwasser geben und im geschlossenen Topf bei mittlerer Hitze in 10–20 Minuten (je nach Dicke der Stangen) gar dünsten. In der Zwischenzeit das Ei anstechen, in kochendem Wasser in etwa 8 Minuten hart kochen und dann gut abschrecken.

3. Den Zitronensaft mit dem Senf und den Kräutern verrühren, das Öl mit einem Schneebesen darunter schlagen. Das Ei schälen, fein würfeln und unter die Sauce rühren. Das Ganze mit Salz und Pfeffer abschmecken.

4. Den Spargel aus dem Kochwasser nehmen, gut abtropfen lassen und mit dem Schinken und der Sauce anrichten.

Tipps

Zum Schälen von Spargel verwenden Sie am besten einen Spargel- oder Sparschäler. Durch die fest auf eine Schälstärke eingestellte Klinge haben Sie beim Schälen nur sehr wenig Abfall.

Weißen Spargel müssen Sie immer schälen. Je älter und dicker die Stangen sind, desto härter sind die Schalen und desto sorgfältiger müssen sie geschält werden. Schalenteile am gegarten Spargel sind sehr unangenehm zu essen. Entfernen Sie daher lieber etwas zu viel als zu wenig von der harten Hülle des Gemüses.

Sie können sich die Arbeit erleichtern, wenn Sie statt des weißen Spargels grünen verwenden. Er braucht nur am untersten Ende geschält zu werden. Sehr dünne Stangen können Sie auch ungeschält garen.

Gemüseomelett

1 kleine Möhre • 1 kleine Lauchstange •
1 kleine Zucchini
2 EL Butter
3 frische Eier • 3 EL Milch • etwas Salz • etwas schwarzer Pfeffer aus der Mühle • etwas Paprikapulver, edelsüß • 2 EL Schnittlauchröllchen

1. Die Möhre waschen und schälen. Die Lauchstange putzen, längs aufschlitzen, gründlich waschen und trockentupfen. Die Zucchini waschen und putzen. Das gesamte Gemüse in sehr kleine Würfel schneiden.

2. Die Butter in einer Pfanne erhitzen. Das Gemüse darin bei schwacher Hitze unter häufigem Rühren etwa 10 Minuten garen.

3. Die Eier mit Milch, Salz, Pfeffer, etwas Paprikapulver und den Schnittlauchröllchen in einer Schüssel mit einem Schneebesen gut verquirlen.

4. Die Eiermischung zu dem Gemüse gießen. Das Omelett zugedeckt bei schwacher Hitze etwa 5 Minuten stocken lassen.

5. Das Omelett ist fertig, wenn das Ei auf der Oberfläche gerade eben fest geworden ist. Das Omelett halb zusammenklappen und auf einen Teller geben.

Tipp

Dieses Omelett lässt sich auch mit tiefgefrorenem Gemüse zubereiten. Geben Sie dafür etwa 200 g klein geschnittenes, gemischtes TK-Gemüse in die Pfanne. Diese darf nicht zu heiß sein, sonst verbrennt das Gemüse. Falls es nicht klein genug geschnitten ist, müssen Sie es auftauen lassen und anschließend zerkleinern.

low fat ✓
vegetarisch ✓
mit Fisch
edel
für Freunde ✓
ruckzuck
preiswert ✓
einfach

Für 1 Person

- Zubereitungszeit: ca. 30 Min.
- ca. 650 kcal

Eier im Gemüsenest

1 kleine Aubergine • 1 kleine Zucchini •
1 kleine rote Paprikaschote • 3 Frühlingszwiebeln
1 EL Öl • 1 kleine Knoblauchzehe
75 ml Gemüsebrühe (Instant) • 2 EL Tomatenketchup • 1/2–1 TL getr. Thymian • etwas Salz • etwas schwarzer Pfeffer aus der Mühle
75 g Schafskäse • 2 frische Eier

1. Die Aubergine und die Zucchini waschen und putzen. Die Paprikaschote halbieren, Stielansatz, Kerne und Trennwände entfernen. Die Hälften waschen. Die Frühlingszwiebeln gut waschen und putzen. Das Gemüse in kleine Würfel oder Ringe schneiden.

2. Das Öl in einer Pfanne erhitzen, aber nicht zu heiß werden lassen. Den Knoblauch schälen, durch die Presse drücken und dazugeben. Das Gemüse in die Pfanne geben und unter Rühren kurz anbraten.

3. Die Brühe und das Tomatenketchup in die Pfanne geben, alles mit Thymian, Salz und Pfeffer würzen und gründlich verrühren. Das Gemüse unter häufigem Rühren etwa 10 Minuten bei schwacher Hitze garen.

4. Inzwischen den Schafskäse klein würfeln. In die Gemüsemischung in der Pfanne mit einem Löffel zwei Mulden drücken und in jede Vertiefung ein Ei gleiten lassen. Den Schafskäse über das Gemüse streuen, einen Deckel auf die Pfanne legen und alles etwa 5 Minuten bei schwacher Hitze garen, bis das Eiweiß gestockt ist.

5. Das gegarte Gemüse mit den Eiern vorsichtig auf einen Teller geben und sofort verzehren.

low fat
vegetarisch ✓
mit Fisch
edel
für Freunde ✓
ruckzuck
preiswert
einfach ✓

Für 1 Person

- Zubereitungszeit: ca. 45 Min.
- ca. 730 kcal

Reisgericht nach „Junggesellenart“

low fat
vegetarisch
mit Fisch
edel
für Freunde ✓
ruckzuck
preiswert ✓
einfach ✓

Für 1 Person

- Zubereitungszeit: ca. 30 Min.
- ca. 900 kcal

1 Zwiebel • 1 Knoblauchzehe • 1 EL Öl
80 g Langkornreis • 200 ml Gemüsebrühe (Instant)
1 kleine Dose Kidneybohnen (ca. 130 g) •
1 kleine Dose Jagdwurst (ca. 125 g)
etwas Salz • etwas schwarzer Pfeffer aus der Mühle •
2 EL Schnittlauchröllchen

1. Die Zwiebel und den Knoblauch schälen. Die Zwiebel in kleine Würfel schneiden. Das Öl in einer kleinen Pfanne leicht erhitzen. Die Zwiebelwürfel hineingeben und goldgelb anbraten. Den Knoblauch durch die Presse drücken und dazugeben.

2. Den Reis in die Pfanne streuen und kurz mit der Zwiebel-Fett-Mischung verrühren. Die Brühe dazugießen und alles einmal aufkochen lassen. Den Reis zugedeckt bei schwacher Hitze etwa 15 Minuten quellen lassen.

3. Die Kidneybohnen in ein Sieb geben und mit kaltem Wasser abspülen. Die Wurst aus der Dose nehmen und klein würfeln.

4. Die Bohnen und die Wurstwürfel unter den Reis mischen und alles bei schwacher Hitze noch 5 Minuten garen.

5. Die Reispfanne mit Salz und Pfeffer abschmecken, auf einen Teller geben und mit den Schnittlauchröllchen bestreuen.

Tipps

Zu der Reispfanne schmeckt eine vitaminreiche Zucchinirohkost sehr gut. Schlagen Sie dafür 1 EL Balsamessig, Salz, Pfeffer und 2–3 EL Olivenöl zu einer Vinaigrette auf. 1 kleine Zucchini waschen, putzen und grob raspeln oder hobeln. Das Gemüse unter die Vinaigrette mischen und etwa 10 Minuten durchziehen lassen.

Wurst in Dosen ist ein praktischer Vorrat für die Single-Küche, sie hält sich monatelang. Und dass sie nicht nur als Brotbelag schmeckt, beweist dieses Rezept.

low fat

vegetarisch

mit Fisch

edel

für Freunde ✓

ruckzuck ✓

preiswert ✓

einfach ✓

Gebratener Gemüsereis mit Edelpilzkäse

50 g gekochter Schinken • 1 Zwiebel	
1 EL Butter	
1 P. TK-Reis-Gemüse-Mischung (300 g, z. B. mit Cashewkernen)	
etwas Salz • etwas schwarzer Pfeffer aus der Mühle	
50 g milder Edelpilzkäse	

1. Den gekochten Schinken in kleine Würfel schneiden. Die Zwiebel schälen und ebenfalls klein würfeln.

2. ½ EL Butter in einer Pfanne erhitzen. Den Schinken hineingeben, leicht anbraten, aus der Pfanne nehmen und auf einem Teller beiseite stellen.

3. Die restliche Butter in die Pfanne geben. Die Zwiebelwürfel darin goldgelb anbraten. Die Reis-Gemüse-Mischung dazugeben und bei mittlerer bis starker Hitze unter Rühren 7–10 Minuten braten.

4. Den Schinken zu den restlichen Zutaten in die Pfanne geben, untermischen und alles nach Belieben noch einmal mit Salz und Pfeffer abschmecken.

5. Den Käse in kleine Stücke schneiden und diese auf die Reis-Gemüse-Mischung geben. Alles bei schwacher Hitze zugedeckt 1–2 Minuten garen, bis der Käse geschmolzen ist.

Für 1 Person

- Zubereitungszeit: ca. 20 Min.
- ca. 670 kcal

oben:
Pfannkuchen mit Mandelhackfleisch
unten:
Brokkolisuppe mit Pfannkuchenstreifen

Pfannkuchen mit Mandelhackfleisch

low fat
vegetarisch
mit Fisch
edel ✓
für Freunde
ruckzuck
preiswert ✓
einfach ✓

Für 1 Person

- Zubereitungszeit: ca. 30 Min.
- Quellzeit: ca. 10 Min.
- ca. 880 kcal

2 kleine frische Eier • 2–3 EL Mehl • 5 EL Milch • etwas Salz • von allem die doppelte Menge für das Zweitrezept
1 EL Butter + 1 EL für das Zweitrezept
1 kleine Lauchstange
1 EL Öl • 2 EL Mandelstifte
100 g Rinderhackfleisch • 100 ml Rotwein oder Wasser • etwas Salz • etwas schwarzer Pfeffer aus der Mühle • etwas Paprikapulver, edelsüß

1. Eier, Mehl, Milch und 1 Prise Salz in einer Schüssel zu einem glatten Teig verquirlen und 10 Minuten quellen lassen.

2. Die Lauchstange putzen, aufschlitzen, gut waschen und trockenschütteln. Den Lauch quer in schmale Streifen schneiden.

3. Das Öl in einem Topf erhitzen und die weißen Lauchteile darin leicht anbraten. Die Mandeln dazugeben und anrösten.

4. Das Hackfleisch dazugeben und bei mittlerer Hitze unter Rühren anbraten. Das Fleisch mit Rotwein oder Wasser ablöschen. Die grünen Lauchteile hinzufügen, mit Salz, Pfeffer und Paprikapulver würzen und bei schwacher Hitze etwa 15 Minuten garen.

5. Butter in einer Pfanne erhitzen, Teig darin verteilen. Die Pfannkuchen bei wenig Hitze beidseitig goldbraun backen. Für das Zweitrezept den zweiten Pfannkuchen kühl stellen.

6. Das Hackfleisch abschmecken, auf eine Pfannkuchenhälfte löffeln, die andere darüber klappen und den Pfannkuchen sofort essen.

Brokkolisuppe mit Pfannkuchenstreifen

Zweitrezept

low fat
vegetarisch ✓
mit Fisch
edel
für Freunde
ruckzuck ✓
preiswert ✓
einfach ✓

Für 1 Person

- Zubereitungszeit: ca. 20 Min.
- ca. 570 kcal

300 g Brokkoli • 400 ml Gemüsebrühe (Instant)
1 Pfannkuchen vom Vortag • siehe Rezept oben
etwas Salz • etwas schwarzer Pfeffer aus der Mühle • 1 Prise Muskatnuss

1. Den Brokkoli waschen und putzen. Die Stiele schälen und klein schneiden. Die Röschen zerteilen. Die Gemüsebrühe in einem Topf aufkochen und den Brokkoli darin etwa 5 Minuten garen.

2. Den Pfannkuchen vom Vortag (siehe Rezept oben) aus dem Kühlschrank nehmen, aufrollen und in schmale Streifen schneiden.

3. Die Pfannkuchenstreifen zum Brokkoli geben und alles weitere 3–4 Minuten erhitzen. Die Suppe mit Pfeffer, Salz und einer Prise Muskatnuss abschmecken und heiß genießen.

Kartoffelsuppe mit Lachs

low fat ✓
vegetarisch
mit Fisch ✓
edel
für Freunde ✓
ruckzuck
preiswert
einfach ✓

Für 1 Person

- Zubereitungszeit: ca. 30 Min.
- ca. 300 kcal

150 g mehlig kochende Kartoffeln + 100 g für das Zweitrezept • 1/4 l Gemüse- oder Hühnerbrühe (Instant) + 150 ml für das Zweitrezept

1 EL Crème fraîche + 1 EL für das Zweitrezept • etwas Salz • etwas weißer Pfeffer aus der Mühle • etwas gemahlener Koriander

3 Frühlingszwiebeln

2–3 Scheiben Räucherlachs

1. Die Kartoffeln schälen, waschen und in etwa 1 cm große Würfel schneiden. Die Brühe in einem Topf aufkochen. Die Kartoffelwürfel hineingeben und zugedeckt bei schwacher Hitze etwa 15 Minuten garen.

2. Die Kartoffeln zusammen mit der Brühe mit dem Mixstab oder im Mixer pürieren. Die Suppe noch einmal aufkochen lassen und die Crème fraîche darunter rühren. Alles mit Salz, Pfeffer und Koriander abschmecken. Gegebenenfalls etwas mehr als ein Drittel der Suppe für das Zweitrezept in ein Gefäß füllen und nach dem Abkühlen zugedeckt in den Kühlschrank stellen.

3. Die Frühlingszwiebeln putzen, waschen und in sehr feine, schräge Ringe schneiden. Diese in die Kartoffelsuppe geben und alles bei mittlerer Hitze etwa 5 Minuten zugedeckt köcheln lassen.

4. Den Räucherlachs in feine Streifen schneiden. Die Suppe in einen tiefen Teller geben und mit den Lachsstreifen garnieren. Nach Belieben noch etwas Pfeffer darüber mahlen.

Variationen

Statt Lachsstreifen können Sie auch 2–3 EL gepalte Nordseekrabben in die Suppe geben.

Wenn Sie Fisch oder Krabben nicht so gern mögen, können Sie 3–4 Champignonköpfe in Scheiben schneiden und in etwas Butter andünsten. Diese geben Sie dann als Garnitur auf die Suppe.

- low fat
- vegetarisch
- mit Fisch
- edel
- für Freunde
- ruckzuck
- **preiswert ✓**
- **einfach ✓**

Schnitzel mit Linsen-Kartoffel-Sauce

Zweitrezept

1 Zwiebel • 3 EL Öl • 1 TL Currypulver • Kartoffelsuppe vom Vortag • siehe Rezept links • 3 EL rote Linsen

1 Schweineschnitzel (ca. 150 g)

1 Banane • etwas Salz • etwas schwarzer Pfeffer aus der Mühle

1. Die Zwiebel schälen und klein würfeln. 1 EL Öl in einem Topf erhitzen und die Zwiebelwürfel darin glasig dünsten. Das Currypulver dazugeben, unter ständigem Rühren kurz anschwitzen und dann die kalte Kartoffelsuppe dazugießen. Die roten Linsen in den Topf geben und alles 5 Minuten bei mittlerer Hitze zu einer leicht cremigen Sauce einkochen lassen.

2. Inzwischen das Schweineschnitzel waschen, trockentupfen und von beiden Seiten pfeffern. 1–2 EL Öl in einer Pfanne erhitzen, das Schnitzel darin von beiden Seiten scharf anbraten und anschließend bei reduzierter Hitze von jeder Seite noch etwa 3 Minuten braten.

3. Inzwischen die Banane schälen, halbieren und kurz in der Pfanne mit anbraten. Das Schnitzel salzen, die Kartoffelsauce mit Salz und Pfeffer abschmecken und beides zusammen mit der gebratenen Banane servieren.

Für 1 Person

- Zubereitungszeit: ca. 30 Min.
- ca. 650 kcal

Tipp

Natürlich können Sie das Schnitzel auch panieren. Dazu wenden Sie es zuerst in Mehl, dann in einem verquirlten Ei und anschließend in Semmelbröseln.

Überbackener Kabeljau mit Lauchnudeln

150 g Kabeljaufilet • 1 EL Zitronensaft • etwas Salz • etwas weißer Pfeffer aus der Mühle
1 zarte Lauchstange • doppelte Menge für das Zweitrezept
1 EL Butter
60 g schmale Bandnudeln • doppelte Menge für das Zweitrezept
1 Tomate • 2 EL geriebener Emmentaler

1. Das Kabeljaufilet kalt abwaschen und mit Küchenkrepp trockentupfen. Den Fisch rundum mit Zitronensaft beträufeln, salzen, pfeffern und zugedeckt kühl stellen.

2. Den Lauch putzen, längs aufschlitzen, gut waschen und trockenschütteln. Die Stange(n) in gut 10 cm lange Stücke teilen und diese dann längs in schmale Streifen schneiden.

3. Die Butter in einer Pfanne erhitzen. Den Fisch darin von beiden Seiten insgesamt etwa 6 Minuten bei mittlerer Hitze braten.

4. Inzwischen die Nudeln in reichlich Salzwasser bissfest kochen.

5. Die Tomate waschen, den Stielansatz entfernen und in Scheiben schneiden. Diese auf das Fischfilet legen, mit Salz und Pfeffer würzen und mit dem Emmentaler bestreuen. Den Fisch zugedeckt etwa 3 Minuten backen, bis der Käse zerlaufen ist.

6. Die Lauchstreifen 1 Minute vor Ende der Garzeit der Nudeln in den Topf geben und zusammen fertig garen. Die Lauchnudeln in ein großes Sieb abgießen, gut abtropfen lassen (gegebenenfalls die halbe Portion für das Zweitrezept kühl stellen) und mit dem überbackenen Kabeljau anrichten.

low fat ✓
vegetarisch
mit Fisch ✓
edel ✓
für Freunde
ruckzuck
preiswert
einfach ✓

Für 1 Person
- Zubereitungszeit: ca. 30 Min.
- ca. 620 kcal

Gebratene Schinkennudeln

Zweitrezept

100 g gekochter Schinken (1 dicke Scheibe) • 1 Zwiebel • 1 EL Butter • Nudeln und Lauch vom Vortag • siehe Rezept links

50 g Edelpilzkäse (z. B. Gorgonzola oder Bavaria Blue) • etwas schwarzer Pfeffer aus der Mühle

1. Den Schinken in Würfel schneiden. Die Zwiebel schälen und fein würfeln. Die Butter in einer Pfanne erhitzen, die Zwiebelwürfel darin goldbraun braten. Den Schinken dazugeben und kurz mit anbraten, danach die Lauchnudeln vom Vortag hinzufügen.

2. Alles gründlich vermischen und noch etwa 3 Minuten bei mittlerer Hitze braten.

3. Zuletzt den gewürfelten Edelpilzkäse dazugeben und alles mit Pfeffer bestreuen. Der Käse soll durch die Hitze der Nudeln ein wenig zerlaufen.

Tipp

Wenn Sie eine Pfanne mit passendem Deckel haben, decken Sie die Pfanne nach Zugabe des Käses zu. Nach etwa 1 Minute ist der Käse zerlaufen.

- low fat
- vegetarisch
- mit Fisch
- edel
- für Freunde
- **ruckzuck ✓**
- **preiswert ✓**
- **einfach ✓**

Für 1 Person

- Zubereitungszeit: ca. 20 Min.
- ca. 690 kcal

oben: **Sahnepilze mit Kartoffelpüree** unten: **Gratiniertes Schweinefilet**

Sahnepilze mit Kartoffelpüree

low fat
vegetarisch ✓
mit Fisch
edel ✓
für Freunde ✓
ruckzuck
preiswert
einfach

Für 1 Person

- Zubereitungszeit: ca. 45 Min.
- ca. 700 kcal

100 g Pfifferlinge • 100 g braune Champignons • ½ Bund glattblättrige Petersilie • 1 kleine Zwiebel
1 EL Butter • 2 TL Mehl • 75 g Sahne • etwas Salz • etwas schwarzer Pfeffer aus der Mühle • 1–2 EL trockener Sherry, nach Belieben
1 Portion Kartoffelpüree (Fertigprodukt) • doppelte Menge für das Zweitrezept
1 kleine Tomate

1. Pilze putzen und mundgerecht zerteilen. Petersilie waschen, trockentupfen und die abgezupften Blättchen fein hacken. Zwiebel schälen und klein würfeln.

2. Die Butter in einer Pfanne erhitzen. Die Zwiebelwürfel darin glasig dünsten. Die Pilze dazugeben und unter Rühren etwa 5 Minuten bei mittlerer Hitze braten. Das Mehl gut mit der Sahne verrühren, zu den Pilzen geben und aufkochen lassen. Die Petersilie darunter rühren und alles mit Salz, Pfeffer und nach Belieben mit Sherry abschmecken. Das Ganze bei schwacher Hitze etwa 3 Minuten zugedeckt garen.

3. Das Kartoffelpüree nach Packungsanweisung zubereiten und die Hälfte davon zugedeckt in den Kühlschrank stellen.

4. Die Tomate waschen, vierteln, Stielansatz und Kerne entfernen. Das Fruchtfleisch klein würfeln und unter die Sahnepilze rühren. Mit dem Püree auf einem Teller anrichten.

Gratiniertes Schweinefilet

Zweitrezept

low fat
vegetarisch
mit Fisch
edel ✓
für Freunde
ruckzuck
preiswert
einfach ✓

Für 1 Person

- Zubereitungszeit: ca. 30 Min.
- Backzeit: ca. 20 Min.
- ca. 840 kcal

1 Zucchini • 2 Scheiben Schweinefilet (à 80 g) • etwas schwarzer Pfeffer aus der Mühle
1 EL Öl • etwas Salz
Püree vom Vortag • siehe Rezept oben •
40 g Edelpilzkäse

1. Zunächst den Backofen auf 200 °C (Umluft 170 °C, Gas Stufe 3) vorheizen. Nun die Zucchini waschen, putzen und grob raspeln. Die Schweinefilets pfeffern.

2. Das Öl in einer Pfanne erhitzen und die beiden Fleischscheiben darin von beiden Seiten scharf anbraten. Die Hitze danach etwas reduzieren, die Filets salzen und weitere 5 Minuten braten.

3. Die Fleischscheiben aus der Pfanne nehmen und die Zucchiniraspel hineingeben. Diese leicht anbraten und mit Salz und Pfeffer würzen. Das Gemüse in eine Gratinform umfüllen und die Schweinefiletscheiben darauf legen.

4. Das Kartoffelpüree vom Vortag mit einem feuchten Löffel in Form von Klecksen über die anderen Zutaten verteilen. Den Edelpilzkäse in kleinen Stücken über das Püree streuen. Die Form auf der mittleren Einschubleiste in den Ofen schieben und das Gratin 15–20 Minuten überbacken.

Hähnchenrisotto mit Parmesan

125 g Hähnchenbrustfilet • etwas schwarzer Pfeffer aus der Mühle • 2 EL Öl • etwas Salz
100 g Risottoreis • 150 ml Hühnerbrühe (Instant) • 100 ml trockener Weißwein • von allem die doppelte Menge für das Zweitrezept
1 kleine Lauchstange
2 EL frisch geriebener Parmesan

1. Das Hähnchenbrustfilet kalt abwaschen, mit Küchenkrepp trockentupfen, in feine Streifen schneiden und kräftig mit Pfeffer würzen. Das Öl in einem Topf erhitzen und das Fleisch darin bei starker Hitze rundherum goldbraun anbraten. Die Hähnchenstreifen salzen und aus dem Topf nehmen.

2. Die Hitze verringern. Den Reis dazugeben und unter Rühren fast glasig dünsten. Brühe und Wein mischen und etwa ein Drittel davon zum Reis geben. Den Reis bei schwacher Hitze zugedeckt garen, bis er die Flüssigkeit aufgenommen hat. Die Mischung nach und nach angießen und aufsaugen lassen, bis der Risotto fast cremig, der Reis jedoch noch bissfest ist. Den Risotto immer wieder vorsichtig durchrühren.

3. Inzwischen den Lauch putzen, längs aufschlitzen, gründlich waschen, gut trockentupfen und dann in etwa 1/2 cm dicke Ringe schneiden.

4. Etwa 5 Minuten vor Ende der Garzeit gegebenenfalls die Hälfte vom Reis aus dem Topf nehmen und zugedeckt über Nacht kalt stellen. Den Lauch und das angebratene Fleisch unter den restlichen Reis rühren und zugedeckt fertig garen. Das Hähnchenrisotto mit Salz und Pfeffer abschmecken und auf einem Teller anrichten. Zum Schluss mit dem geriebenen Parmesan bestreuen.

low fat ✓
vegetarisch
mit Fisch
edel
für Freunde ✓
ruckzuck
preiswert ✓
einfach

Für 1 Person

- Zubereitungszeit: ca. 40 Min.
- ca. 800 kcal

low fat
vegetarisch ✓
mit Fisch
edel
für Freunde
ruckzuck ✓
preiswert ✓
einfach

Reispuffer

Zweitrezept

2 frische Eier • Reis vom Vortag • siehe Rezept links •
2 EL gehackte gemischte Kräuter • etwas Salz •
etwas schwarzer Pfeffer aus der Mühle
3 EL Butter

1. Die Eier in einer Schüssel verquirlen und den Reis mit den Kräutern darunter rühren. Dann mit Salz und Pfeffer abschmecken.

2. Die Hände anfeuchten, aus der Reismasse 5 gleich große Puffer formen.

3. Etwas Butter in einer beschichteten Pfanne erhitzen und darin bei mittlerer Hitze 5 dicke Reispuffer auf beiden Seiten goldbraun backen.

Tipp

Die Puffer können Sie mit Apfel- oder Preiselbeerkompott und Möhrenrohkost anrichten.

Risottoreis

Hinter der Bezeichnung Risottoreis verbirgt sich eine spezielle Reissorte mittellanger Körnung. Risottoreis gibt beim Kochen ausreichend Stärke ab, so wird das Risotto cremig und der Reis behält seinen Biss. Unter den Sortennamen Arborio-, Avorio- oder Vialonereis finden Sie diesen Reis in Feinkostgeschäften, im Supermarkt wird er meist unter dem Namen Risottoreis angeboten.

Für 1 Person

- Zubereitungszeit: ca. 20 Min.
- ca. 550 kcal

oben: Gebratene Hähnchenschenkel
unten: Hähnchensalat

Gebratene Hähnchenschenkel mit Möhrengemüse

low fat
vegetarisch
mit Fisch
edel
für Freunde
ruckzuck
preiswert ✓
einfach

Für 1 Person

- Zubereitungszeit: ca. 40 Min.
- ca. 620 kcal

2 Hähnchenschenkel • doppelte Menge für das Zweitrezept • etwas Salz • etwas schwarzer Pfeffer aus der Mühle
2 EL Öl + 1 EL für das Zweitrezept •
1 TL getr. Thymian + 1 TL für das Zweitrezept
250 g Möhren
1 TL Butter • 1 TL Honig

1. Die Hähnchenschenkel kalt abwaschen, mit Küchenkrepp trockentupfen und rundum mit Salz und Pfeffer einreiben.

2. Das Öl in einer Pfanne erhitzen und die Hähnchenschenkel darin rundum scharf anbraten. Das Fleisch mit dem Thymian würzen, noch etwa 20 Minuten braten und zwischendurch mehrmals wenden. Gegebenenfalls die 2 Schenkel für das Zweitrezept nach dem Braten herausnehmen und kühl stellen.

3. Inzwischen die Möhren waschen, putzen, schälen und in dünne Stifte schneiden.

4. Die Butter in einem Topf erhitzen. Den Honig unterrühren und die Möhren dazugeben. 3 EL Wasser angießen, mit Salz und Pfeffer würzen und zugedeckt etwa 10 Minuten bei schwacher Hitze dünsten. Den Topf mehrmals kräftig rütteln oder schwenken.

5. Das Gemüse abschmecken und zusammen mit den Hähnchenschenkeln auf einen Teller geben.

Hähnchensalat

Zweitrezept

low fat
vegetarisch
mit Fisch
edel
für Freunde ✓
ruckzuck
preiswert ✓
einfach ✓

Für 1 Person

- Zubereitungszeit: ca. 30 Min.
- ca. 760 kcal

Hähnchenfleisch vom Vortag • siehe Rezept oben
50 g kleine Nudeln (z. B. Hörnchen) • etwas Salz • 100 g Erbsen (TK-Ware oder aus der Dose)
100 g Joghurt • 1–2 EL Salatmayonnaise • etwas schwarzer Pfeffer aus der Mühle • 3–4 EL Schnittlauchröllchen • 2–3 EL Petersilie
1 kleiner Apfel • 1 EL Zitronensaft

1. Das Hähnchenfleisch vom Vortag aus dem Kühlschrank nehmen. Die Haut von den Schenkeln entfernen und das Fleisch von den Knochen lösen, dann fein würfeln.

2. Die Nudeln in reichlich Salzwasser bissfest kochen, in ein Sieb gießen und mit kaltem Wasser abspülen, damit sie nicht weitergaren. Das Hähnchenfleisch und die Nudeln mit den Erbsen mischen.

3. Für die Sauce den Joghurt mit Salatmayonnaise, Salz, Pfeffer, Schnittlauchröllchen und Petersilie anrühren.

4. Die Sauce über die Salatzutaten geben und alles gründlich vermischen. Den Apfel schälen, Kerngehäuse herausschneiden, klein würfeln. Mit Zitronensaft beträufeln und unter den Salat mischen, er sorgt für einen frischen Geschmack.

Gemüse-Reis-Eintopf

- low fat
- vegetarisch
- mit Fisch
- edel
- **für Freunde ✓**
- ruckzuck
- **preiswert ✓**
- **einfach ✓**

Für 1 Person

- Zubereitungszeit: ca. 30 Min.
- ca. 750 kcal

1 Zucchini • 1/2 Aubergine • 1/2 gelbe Paprikaschote • von allem die doppelte Menge für das Zweitrezept

400 ml Gemüsebrühe (Instant) + 200 ml für das Zweitrezept • 50 g Langkornreis • doppelte Menge für das Zweitrezept

1–2 Landjäger (ca. 75 g) • 1 Zwiebel • 1 EL Öl

etwas Salz • etwas schwarzer Pfeffer aus der Mühle • etwas Paprikapulver, edelsüß

1. Die Zucchini, die Aubergine und die Paprikaschote waschen, putzen und in kleine Würfel schneiden.

2. Die Brühe in einem Topf aufkochen lassen. Den Reis hineingeben und zugedeckt bei mittlerer Hitze etwa 10 Minuten köcheln lassen. Danach das klein gewürfelte Gemüse hinzufügen und alles im geschlossenen Topf weitere 10 Minuten bei schwacher Hitze köcheln lassen. Das Ganze zwischendurch umrühren.

3. Die Landjäger pellen und danach in Scheiben schneiden. Die Zwiebel schälen und in Ringe schneiden. Das Öl in einer Pfanne erhitzen und die Landjägerscheiben darin knusprig anbraten. Zum Schluss die Zwiebelringe dazugeben und goldbraun anbraten.

4. Den Gemüse-Reis-Eintopf mit Salz, Pfeffer und Paprikapulver abschmecken.

5. Falls die doppelte Menge für das Zweitrezept zubereitet wurde, jetzt die Hälfte der Reis-Gemüse-Mischung mit etwa einem Drittel der Brühe aus dem Topf nehmen und kalt stellen. Auf den restlichen Eintopf zum Servieren die gebratenen Landjägerscheiben und die Zwiebelringe geben.

Tipp

Wenn Sie diesen Eintopf fleischlos essen möchten, können Sie statt der gebratenen Landjägerscheiben 2 EL frisch geriebenen Parmesan auf den Eintopf streuen oder 2–3 EL zerbröckelten Feta in den Eintopf rühren.

low fat ✓
vegetarisch
mit Fisch
edel ✓
für Freunde
ruckzuck ✓
preiswert
einfach ✓

Rindfleisch-Gemüse-Curry

Zweitrezept

150 g Rinderfilet • 1 Zwiebel • 1 EL Öl
1 kleine Knoblauchzehe • 1/2–1 TL Currypulver • 1 TL Mehl • Reis-Gemüse-Mischung mit Brühe vom Vortag siehe Rezept links
etwas Salz • etwas schwarzer Pfeffer aus der Mühle • etwas Ingwerpulver

1. Das Rinderfilet kalt abwaschen, mit Küchenkrepp trockentupfen und in feine Streifen schneiden. Die Zwiebel schälen und klein würfeln. Das Öl in einer Pfanne erhitzen und das Fleisch darin unter Rühren ganz kurz scharf anbraten. Das Fleisch dann mit einer Schaumkelle aus der Pfanne nehmen. Die Zwiebelwürfel in die Pfanne geben und bei schwacher Hitze glasig dünsten.

2. Inzwischen die Knoblauchzehe schälen und dazupressen. Das Currypulver und das Mehl über die Zwiebelwürfel streuen und kurz mit anschwitzen. Die Reis-Gemüse-Mischung vom Vortag mit der Brühe in die Pfanne geben, alles gut verrühren und einmal aufkochen lassen.

3. Das Fleisch hinzufügen und das Ganze mit Salz, Pfeffer und etwas Ingwerpulver herzhaft abschmecken.

Tipp

Wenn Sie gerade knapp bei Kasse sind, können Sie das Rinderfilet auch gegen Hähnchenbrust oder Putenschnitzel austauschen.

Für 1 Person

- Zubereitungszeit: ca. 15 Min.
- ca. 570 kcal

oben:
Mozzarellabrötchen
unten:
Gefülltes Fladenbrot

Gefülltes Fladenbrot

- **low fat**
- **vegetarisch**
- **mit Fisch**
- **edel**
- **für Freunde**
- **ruckzuck ✓**
- **preiswert ✓**
- **einfach ✓**

Für 1 Person

- Zubereitungszeit: ca. 20 Min.
- ca. 740 kcal

1 Scheibe gekochter Schinken • 2 getrocknete Datteln • etwas frische Kresse

75 g Doppelrahm-Frischkäse • 2 EL Milch • etwas Salz • etwas schwarzer Pfeffer aus der Mühle

1 kleines Fladenbrot bzw. 1 Fladenbrötchen • 2 TL weiche Butter oder Margarine

3–4 kleine Salatblätter • 1 kleines Stück Salatgurke

1. Den Schinken klein würfeln. Die Datteln entsteinen und in feine Streifen schneiden. Die Kresse kurz abspülen und abschneiden.

2. Den Frischkäse mit Milch sowie Schinken, Datteln und Kresse verrühren. Das Ganze mit Salz und Pfeffer abschmecken.

3. Das Fladenbrot längs halbieren. Beide Hälften von der Mitte aus einschneiden und innen mit Butter oder Margarine bestreichen.

4. Die Salatblätter waschen, trockentupfen und mundgerecht zerzupfen. Die Gurke waschen und in dünne Scheiben schneiden. Beides in die Fladenhälften geben und die Frischkäsemischung darin verstreichen.

Tipp

Diese Füllung schmeckt auch mit würzigem Vollkornbrot oder auf einem Sesambrötchen.

Mozzarellabrötchen

- **low fat**
- **vegetarisch**
- **mit Fisch**
- **edel**
- **für Freunde**
- **ruckzuck ✓**
- **preiswert ✓**
- **einfach ✓**

Für 1 Person

- Zubereitungszeit: ca. 15 Min.
- ca. 670 kcal

3 EL gehackte Petersilie • 2 EL Olivenöl • 1 EL Mandelmus, ungesüßt • 1 kleine Knoblauchzehe • etwas abgeriebene Schale einer unbehandelten Zitrone • etwas Salz • etwas Pfeffer aus der Mühle

40 g Mozzarella • 1 kleine, feste Tomate • 1 kleines Stück Salatgurke

1 Vollkornbrötchen • 1 Scheibe roher Räucherschinken

1. Die Petersilie in einer kleinen Schüssel mit dem Öl und dem Mandelmus verrühren. Den Knoblauch schälen und hacken oder pressen. Ihn zu der Mandel-Petersilien-Mischung geben und alles mit Zitronenschale, Salz und Pfeffer herzhaft abschmecken.

2. Den Mozzarella gut abtropfen lassen und in dünne Scheiben schneiden. Die Tomate und die Gurke waschen und ebenfalls in dünne Scheiben schneiden.

3. Das Vollkornbrötchen quer halbieren und beide Hälften mit der Petersiliencreme bestreichen. Die untere Hälfte mit Schinken, Tomaten-, Gurken- und Mozzarellascheiben belegen und den Brötchendeckel auflegen.

Tipps

Statt mit der Petersiliencreme können Sie das Brötchen auch mit Pesto (fertig im Gläschen zu kaufen) bestreichen.

Verpacken Sie das Brötchen zum Mitnehmen in Pergamentpapier und eine kleine Plastiktüte oder direkt in Klarsichtfolie.

Grünkernburger mit Möhrenrohkost

1 Zwiebel • 4 EL Öl • 70 g Grünkernschrot • 1/8 l Gemüsebrühe (Instant) • 2 TL frische Majoranblättchen (oder knapp 1 TL getr. Majoran)
1 kleines frisches Ei • etwas Salz • etwas schwarzer Pfeffer aus der Mühle
150 g Möhren • 1 kleiner säuerlicher Apfel • 1 EL Zitronensaft
1 EL Kürbiskerne

1. Die Zwiebel schälen und klein würfeln. 2 TL Öl leicht erhitzen und die Zwiebel glasig dünsten. Den Grünkernschrot zugeben und unter Rühren kurz anrösten. Brühe und Majoran zufügen. Den Schrot etwa 20 Minuten zugedeckt bei schwacher Hitze quellen lassen.

2. Das Ei unter den nicht mehr ganz heißen Schrot rühren, mit Salz und Pfeffer abschmecken und zwei flache Frikadellen formen.

3. 1 EL Öl in einer Pfanne erhitzen. Die Frikadellen darin bei mittlerer Hitze von beiden Seiten jeweils etwa 10 Minuten braten.

4. In der Zwischenzeit die Möhren schälen und grob raspeln. Den Apfel waschen, trockenreiben, entkernen, grob raspeln und mit Zitronensaft beträufeln.

5. Die Möhren- und Apfelraspel mit dem restlichen Öl vermischen und mit Salz und Pfeffer abschmecken. Die Kürbiskerne dazugeben.

Tipp

Die Möhrenrohkost lässt sich gut in einer Kunststoffdose transportieren. Die Frikadellen wickeln Sie fest in Frischhaltefolie.

low fat
vegetarisch ✓
mit Fisch
edel
für Freunde ✓
ruckzuck
preiswert ✓
einfach

Für 1 Person

- Zubereitungszeit: ca. 30 Min.
- ca. 980 kcal

low fat
vegetarisch ✓
mit Fisch
edel
für Freunde
ruckzuck ✓
preiswert ✓
einfach ✓

Pikantes Sprossenbrötchen

1 frisches Ei • 1 Vollkornbrötchen •
2 TL weiche Butter oder Margarine

1 kleine, feste Tomate • 1 EL Schnittlauchröllchen •
75 g Quark (20 % Fett i. Tr.) • 1 EL Milch •
etwas Salz • etwas weißer Pfeffer aus der Mühle •
½–1 TL Currypulver

ca. 3 EL frische Sprossen (z. B. Alfalfa, Adzuki- und Mungobohnen)

1. Etwas Wasser in einem kleinen Topf aufkochen. Das Ei anstechen und in etwa 8 Minuten hart kochen. Inzwischen das Brötchen halbieren und dünn mit Butter oder Margarine bestreichen.

2. Die Tomate waschen, halbieren, entkernen und den Stielansatz herausschneiden. Das Fruchtfleisch sehr klein würfeln. Den Schnittlauch und die Tomate mit dem Quark und der Milch verrühren. Das Ganze mit Salz, Pfeffer und dem Currypulver pikant abschmecken. Das Ei aus dem Wasser nehmen und gut abschrecken.

3. Die untere Hälfte des Brötchens mit Quark bestreichen. Die Sprossen verlesen, in einem Sieb kurz abspülen, gut abtropfen lassen und auf dem Quark verteilen. Das Ei schälen, in Scheiben schneiden und auf die Sprossen legen. Die obere Hälfte des Brötchens darauf legen.

Tipp

Diese Mischung schmeckt als ausgefallener Brotbelag zu vielen Gelegenheiten – auch zusätzlich mit einer Scheibe gekochtem Schinken.

Für 1 Person

- Zubereitungszeit: ca. 15 Min.
- ca. 430 kcal

Mexikanische Muffins

- low fat
- vegetarisch
- mit Fisch
- edel
- **für Freunde ✓**
- ruckzuck
- **preiswert ✓**
- **einfach ✓**

Für 6 Stück

- Zubereitungszeit: ca. 30 Min.
- Backzeit: ca. 20 Min.
- ca. 630 kcal je Stück

1 kleine rote Chilischote

1 frisches Eigelb • 100 g Rinderhackfleisch • 20 g Semmelbrösel • etwas Salz • etwas Pfeffer aus der Mühle • 5 EL Öl

½ rote Paprikaschote • 1 frisches Ei • ⅛ l Buttermilch

50 g Mehl • 80 g Maisgrieß • 1 TL Backpulver

1. Die Chilischote längs aufschlitzen, entkernen, waschen und fein würfeln. Wenn man nicht mit Haushaltshandschuhen arbeitet, danach sofort die Hände waschen.

2. Chilischote, Eigelb, Rinderhack und Semmelbrösel verkneten, mit Salz und Pfeffer abschmecken. Mit feuchten Händen 6 Klößchen formen und in 1 EL heißem Öl knusprig braun braten. Beiseite stellen.

3. Paprikaschote waschen, Scheidewände herausschneiden, entkernen und in kleine Würfel schneiden. Das Ei trennen. Das Eigelb mit Buttermilch und dem restlichen Öl verrühren. Das Eiweiß mit einer Prise Salz steif schlagen.

4. Mehl, Maisgrieß und Backpulver mischen und unter die Buttermilchmasse rühren. Danach die Paprikawürfel und die fein gehackte Petersilie darunter mischen. Zum Schluss den Eischnee vorsichtig unterheben.

5. Ein Muffinblech fetten. Die Hälfte des Teigs in die Mulden füllen. Hackbällchen darauf setzen und den restlichen Teig darüber verteilen.

6. Die Muffins im vorgeheizten Backofen auf mittlerer Einschubhöhe bei 200 °C (Umluft 170 °C; Gas Stufe 3) etwa 15–20 Minuten backen.

Tipps

Die Muffins halten sich 2–3 Tage in einer Dose im Kühlschrank. Wenn Sie Ihren Kollegen eine Freude machen wollen, bringen Sie alle Muffins mit ins Büro.

low fat
vegetarisch
mit Fisch
edel
für Freunde ✓
ruckzuck
preiswert ✓
einfach ✓

Zucchini-Salami-Täschchen

1 Platte TK-Blätterteig (ca. 75 g)	
1 kleine Zwiebel • 1 kleine Zucchini • 50 g Salami	
2 TL Öl • etwas Salz • etwas schwarzer Pfeffer aus der Mühle • etwas Paprikapulver, edelsüß	
1 kleines frisches Ei	
Mehl zum Ausrollen	
2 EL frisch geriebener Parmesan	

1. Den Blätterteig auftauen lassen. Den Backofen auf 225 °C (Umluft 200 °C; Gas Stufe 4) vorheizen.

2. Die Zwiebel schälen und klein würfeln. Die Zucchini waschen, putzen und grob raspeln. Die Salami klein würfeln.

3. Das Öl in einer kleinen Pfanne erhitzen. Die Zwiebel bei mittlerer Hitze hell anbraten. Die Salami dazugeben und mit anbraten. Die Zucchini hinzufügen, alles mit Salz, Pfeffer und Paprikapulver würzen. Die Mischung bei mittlerer Hitze etwa 5 Minuten garen.

4. Das Ei verquirlen. Die Gemüse-Salami-Mischung in eine Schüssel füllen, kurz abkühlen lassen und den größten Teil des Eis darunter rühren.

5. Das Blätterteigblatt auf einer leicht bemehlten Arbeitsfläche zu einem etwa 15 x 30 cm großen Rechteck ausrollen. Dieses in 2 Quadrate teilen. Die Gemüse-Salami-Mischung auf die Mitte der Teigquadrate verteilen. Die Quadrate zu Dreiecken falten und die Ränder mit einer Gabel sehr gut festdrücken, damit die Füllung fest umschlossen ist.

6. Die Teigtäschchen auf ein mit Backpapier belegtes Blech setzen und mit dem restlichen verquirlten Ei bestreichen. Den Parmesan darauf streuen. Die Täschchen auf der mittleren Einschubleiste in den Ofen schieben und in etwa 15 Minuten goldbraun backen. Abkühlen lassen und verpacken.

Für 1 Person

- Zubereitungszeit: ca. 15 Min.
- Backzeit: ca. 15 Min.
- ca. 880 kcal

Mascarponebrötchen

1/2 Bund Petersilie
75 g Mascarpone • 1 EL Milch
1 EL geriebene Mandeln • etwas Salz • etwas schwarzer Pfeffer aus der Mühle
1/2 rote Paprikaschote
1/2 Zucchini
1 Baguettebrötchen

1. Die Petersilie waschen, trockentupfen und mit den Stielen im Mixer oder mit dem Mixstab pürieren.

2. Den Mascarpone und die Milch unter die Petersilie mischen und glatt rühren.

3. Die Mandeln in einer trockenen Pfanne goldbraun rösten. Dann unter die Mascarponecreme rühren und alles mit Salz und Pfeffer würzen.

4. Die Paprikaschote waschen, Rippen, Stielansatz und Kerne entfernen.

5. Die Zucchini ebenfalls waschen und den Stielansatz entfernen. Die Gemüsesorten der Länge nach in dünne Streifen schneiden.

6. Das Baguettebrötchen halbieren und mit der Mascarponecreme bestreichen.

7. Die Paprika- und die Zucchinistreifen darauf verteilen. Die beiden Hälften vorsichtig aufeinander setzen.

Tipps

Mit einem großen, schweren Küchenmesser lässt sich eine Zucchini am besten in dünne Streifen schneiden.

Anstelle der Mascarponemasse können Sie auch Kräuterfrischkäse verwenden.

low fat
vegetarisch ✓
mit Fisch
edel
für Freunde
ruckzuck
preiswert
einfach ✓

Für 4 Personen

- Zubereitungszeit: ca. 30 Min.
- ca. 500 kcal

low fat
vegetarisch ✓
mit Fisch
edel
für Freunde ✓
ruckzuck ✓
preiswert ✓
einfach ✓

Griechisches Sandwich

2 Scheiben Bauernbrot • 2 TL Butter • 2 Kopfsalatblätter
1 kleines Stück Salatgurke (ca. 50 g) • 1 feste Tomate
$^1/_2$ TL Majoranblättchen
4 schwarze Oliven • 50 g Schafskäse
etwas Salz • etwas schwarzer Pfeffer aus der Mühle

1. Die Brotscheiben mit Butter bestreichen und mit den Salatblättern belegen.

2. Die Gurke und die Tomate waschen, in dünne Scheiben schneiden, dabei die Tomate vom Stielansatz befreien.

3. Eine Brotscheibe mit den Gurken- und Tomatenscheiben belegen. Die Majoranblättchen darauf verteilen.

4. Die Oliven halbieren und entsteinen. Den Käse ebenfalls in längliche Scheiben schneiden, beides auf dem Brot verteilen.

5. Je nach Geschmack salzen und pfeffern und die gebutterte Brotscheibe darauf legen.

Tipps

Das Sandwich fest in Klarsicht- oder Alufolie einwickeln, damit es nicht auseinander fällt. Noch besser schmeckt es, wenn Sie original griechisches oder türkisches Fladenbrot für dieses Sandwich verwenden.

Die schwarzen Oliven lassen sich auch durch grüne oder gefüllte ersetzen.

Für 4 Personen

- Zubereitungszeit: ca. 20 Min.
- ca. 360 kcal

Gemüse-Brot-Spieße

50 g Gouda am Stück • 6 Kirschtomaten
1 Stück Salatgurke (ca. 10 cm) •
1 kleine Möhre
2 Scheiben Vollkornbrot • 1 TL Butter •
3–4 Schaschlikspieße

1. Den Gouda in etwa 1 cm große Würfel schneiden. Die Kirschtomaten waschen.

2. Die Gurke waschen, die Möhre putzen und schälen. Beides in etwa ½ cm dicke Scheiben schneiden.

3. Die Brotscheiben mit Butter bestreichen und in 1 cm große Würfel schneiden. Sämtliche Zutaten abwechselnd auf die Schaschlikspieße stecken.

Tipp

In einer gut schließenden Plastik- oder Metalldose verpackt, lassen sich die Spieße gut transportieren und sind noch nach Stunden appetitlich frisch.

Variationen

Sie können die Brote statt der Butter mit feiner Streichwurst bestreichen.

Das Gemüse können Sie durch blaue und grüne Trauben oder Mandarinenspalten ersetzen.

low fat
vegetarisch ✓
mit Fisch
edel
für Freunde ✓
ruckzuck ✓
preiswert ✓
einfach

Für 1 Person

- Zubereitungszeit: ca. 20 Min.
- ca. 490 kcal

Hähnchensandwich

1 Hähnchenbrustfilet (ca. 125 g) • etwas Salz • etwas schwarzer Pfeffer aus der Mühle • etwas gemahlener Kreuzkümmel • 2 TL Öl

60 g blaue Weintrauben • 50 g Doppelrahm-Frischkäse • 1 EL Milch • 2–3 TL Mango-Chutney (aus dem Glas)

2 Scheiben Vollkornbrot

1. Das Filet kurz kalt abspülen, trockentupfen und rundum mit Salz, Pfeffer und Kreuzkümmel würzen. Das Öl in einer kleinen Pfanne erhitzen und das Hähnchen darin von beiden Seiten scharf anbraten. Das Hähnchen dann bei schwacher Hitze noch etwa 5 Minuten garen, bis es durchgebraten ist. Das Fleisch zwischendurch einmal wenden.

2. Die Weintrauben waschen, trockentupfen und von den Stielen zupfen, halbieren, entkernen und klein schneiden. Den Frischkäse mit der Milch und dem Mango-Chutney verrühren, die Weintrauben darunter mengen. Die Masse mit Salz und Pfeffer herzhaft abschmecken.

3. Die Brotscheiben mit dem Frischkäse bestreichen. Das Hähnchenfilet nach Belieben schräg halbieren, auf eine Scheibe legen und die zweite Scheibe darauf legen.

Tipp

Mango-Chutney gibt es in kleinen Gläschen zu kaufen. Viele Supermärkte und Lebensmittelhandlungen bieten diese Spezialität an. Schauen Sie am besten in den Feinkostabteilungen danach.

low fat
vegetarisch
mit Fisch
edel
für Freunde
ruckzuck ✓
preiswert ✓
einfach ✓

Für 1 Person

- Zubereitungszeit: ca. 20 Min.
- ca. 570 kcal

Empanadas mit Lammfüllung und Mais-Tomaten-Salsa

low fat
vegetarisch
mit Fisch
edel
für Freunde ✓
ruckzuck
preiswert ✓
einfach ✓

Für 1 Person

- Zubereitungszeit: ca. 25 Min.
- Backzeit: ca. 20 Min.
- ca. 990 kcal

2 Platten TK-Blätterteig (ca. 120 g) • 1 kleine Zwiebel • 1/2 grüne Paprikaschote
1 kleine Möhre • 1/2 TL ganze Koriandersamen
100 g Lammhack • 1 EL Öl • 1 EL Tomatenmark • etwas Zimt • etwas Salz • etwas weißer Pfeffer aus der Mühle • 1/2 TL Agavendicksaft
1 frisches Eigelb • 2 EL Milch
1 kleine Dose Mais (Abtropfgewicht 140 g)
1/2 kleine rote Chilischote • 1 Frühlingszwiebel
1 Tomate • 1 EL Limettensaft

1. Den Blätterteig auftauen lassen. Die Zwiebel schälen und fein würfeln. Die Paprikaschote waschen, putzen und klein würfeln.

2. Die Möhre schälen und fein würfeln. Den Koriander im Mörser zerkleinern oder mit einer Messerklinge zerdrücken.

3. Das Lammhack im heißen Öl krümelig braten. Zwiebel, Paprika und Möhre zugeben und unter Rühren etwa 3 Minuten anbraten. Tomatenmark untermischen und alles kräftig mit Koriander, Zimt, Salz, Pfeffer und Agavendicksaft abschmecken. Abkühlen lassen.

4. Das Eigelb mit der Milch verrühren. Die Platten Blätterteig quer halbieren. Die Füllung auf die Stücke verteilen und die Teigränder mit Eiermilch bestreichen. Die Quadrate zu Dreiecken zusammenklappen. Die Ränder fest andrücken.

5. Ein Backblech mit kaltem Wasser abspülen, nicht abtrocknen. Die Empanadas auf das Blech legen, die Oberseite der Teigtaschen mit Eiermilch bestreichen. Im vorgeheizten Backofen bei 200 °C (Umluft 170 °C; Gas Stufe 3) etwa 20 Minuten backen, bis die Empanadas goldgelb sind.

6. Inzwischen für die Mais-Tomaten-Salsa etwa zwei Drittel vom Mais und die Maisflüssigkeit mit dem Mixstab fein pürieren. Den restlichen Mais unterheben.

7. Die Chilischote längs aufschlitzen, entkernen, waschen und fein würfeln. Wenn man nicht mit Haushaltshandschuhen arbeitet, danach sofort die Hände waschen. Die Frühlingszwiebel putzen, waschen und in feine Ringe schneiden. Mit der Chilischote zum Mais geben.

8. Die Tomate waschen, quer halbieren, entkernen und das Fruchtfleisch fein würfeln. Zum Mais geben und mit Limettensaft, Salz und Pfeffer abschmecken. Die Mais-Tomaten-Salsa zu den Empanadas servieren.

Pedro Domecq

Alphabetisches Rezeptverzeichnis

Rezeptverzeichnis nach Rubriken

Rezeptverzeichnis nach Rubriken

Gerichte aus dem Backofen

Mit Zweitrezept (kursiv) zum Abwandeln

Ohne großen Abwasch hinterher

Aus Zutaten aus dem Vorrat

Aus einfach zu besorgenden Zutaten

Impressum

Im FALKEN Verlag sind zahlreiche Titel zum Thema „Essen und Trinken“ erschienen. Sie sind überall erhältlich, wo es Bücher gibt.

Sie finden uns im Internet: **www.falken.de**

Dieses Buch wurde auf chlorfrei gebleichtem und säurefreiem Papier gedruckt.

Der Text dieses Buches entspricht den Regeln der neuen deutschen Rechtschreibung.

ISBN 3 8068 2602 1

Umschlaggestaltung: Martina Eisele, München
Gestaltung: red.sign, Stuttgart
Redaktion: Marlein Auge, Düsseldorf und red.sign, Stuttgart
Koordination und Schlussredaktion: Elly Lämmlen, FALKEN Verlag und Marlein Auge, Düsseldorf
Bildbeschaffung: Dr. Ruth Leners
Herstellung: Petra Becker, FALKEN Verlag und red.sign, Stuttgart
Titelbild: Klaus Arras, Köln
Weitere Fotos auf dem Umschlag: Das Bild auf der Umschlaginnenseite vorne wurde dem FALKEN Verlag freundlicher Weise von der Autorin zu Verfügung gestellt. **FALKEN Archiv: M. Brauner:** Umschlagklappe, hinten, innen, re. o., re. m. und re. u. / **U. Kopp:** Umschlagklappe, hinten, innen, li. o., li. m. und li. u.
Rezeptfotos: FALKEN Archiv: M. Brauner: S. 17 und 22 / **W. Feiler:** S. 25, 28, 56 und 57 / **M. Krapohl:** S. 54 und 61 / **R. Schmitz:** S. 58 / **TLC:** S. 12, 13, 14, 15, 18, 19, 21, 23, 26, 27, 29, 31, 32, 33, 34, 35, 37, 38, 39, 40, 41, 43, 44, 45, 47, 48, 49, 51, 52, 53, 55 und 59 / **B. Wegner:** S. 11
Weitere Fotos im Innenteil: FALKEN Archiv: U. Kopp: S. 1 re. o. / **TLC:** S. 1 li. u., 4, 5 re., 5 m., 6, 7 und 8/9

Satz: red.sign, Stuttgart
Druck: Druckhaus Cramer, Greven

817 2635 4453 6271